Wissenschaftliche Beiträge aus dem Tectum Verlag

Reihe Wirtschaftswissenschaften

Wissenschaftliche Beiträge
aus dem Tectum Verlag

Reihe Wirtschaftswissenschaften
Band 89

Reinhard Fischer

Mit Werten wirtschaften

Praxismodell Gemeinwohlökonomie

Mit Vorworten von Dr. Holger Petersen und Prof. Günter Koch

Tectum Verlag

Reinhard Fischer
Mit Werten wirtschaften. Praxismodell Gemeinwohlökonomie
Wissenschaftliche Beiträge aus dem Tectum Verlag
Reihe: Wirtschaftswissenschaften; Bd. 89

ISBN 978-3-8288-4310-3
E-PDF 978-3-8288-7246-2
ePub 978-3-8288-7247-9

Umschlaggestaltung: Tectum Verlag unter Verwendung des Bildes
621237140 von Circlephoto| shutterstock.com

Druck und Bindung: Docupoint, Barleben
Printed in Germany

Besuchen Sie uns im Internet
www.tectum-verlag.de

Bibliografische Informationen der Deutschen Nationalbibliothek
Die Deutsche Nationalbibliothek verzeichnet diese Publikation
in der Deutschen Nationalbibliografie; detaillierte bibliografische
Angaben sind im Internet über http://dnb.d-nb.de abrufbar.

Gleichberechtigung ist mir sehr wichtig!
Ich bin mir auch ihrer sprachlichen Implikationen sehr bewusst.
Der Lesbarkeit willen habe ich aber dennoch, von seltenen Ausnahmefällen abgesehen, darauf verzichtet, männliche und weibliche Formen personenbezogener Hauptwörter gleichzeitig zu verwenden. Ich ersuche die Leser/innen, mir dies nachzusehen.

Inhaltsverzeichnis

Abkürzungsverzeichnis

ATTAC	Association pour une Taxation des Transactions financières pour l´Aide aux Citoyens
BIP	Bruttoinlandsprodukt
BCfS	Business Case for Sustainability
Cap	lat.: Caput; Kopf
CFP	Corporate Financial Performance
CSP	Corporate Social Performance
CSR	Corporate Social Responsibility
EMAS	Eco Management and Audit Scheme
GWB	Gemeinwohlbilanz
Gt	Gigatonnen
GWÖ	Gemeinwohlökonomie
ILO	International Labour Organization
IPCC	International Panel on Climate Change
NFI-RL	Nicht-Finanzielle-Informations-Richtlinie
u.a.	unter anderem

Abbildungsverzeichnis

Tabellenverzeichnis

Danksagung

Diese Arbeit wäre ohne die bereitwillige Zusage zur Durchführung der Unternehmensbefragungen nicht möglich gewesen. Besonderen Dank möchte ich daher an dieser Stelle folgenden Personen aussprechen:

- Sonja Aigner, Sonnentor KräuterhandelsgesmbH
- Jakob Assman, Impact Hub Munich GmbH
- Lisa Fiedler, Vaude Sport GmbH & Co. KG
- Christian Merk, Ulenspiegel Druck GmbH & Co. KG
- Roswitha Sandgruber, Gugler GmbH
- Simon Stadler, Polarstern GmbH
- Isabella Tatzberger, Grüne Erde GmbH

Vorwort von Dr. Holger Petersen

> *„Quäle dich nicht um Besitz, du sollst ihn aber auch nicht zu sehr verachten. […]*
> *Wird Dir der Besitz zu sehr verleidet und entgleitet er dir, so ist deine Freude dahin; liebst du ihn aber zu sehr, dann verlierst du vielleicht deine Seele und die Achtung der Menschen.*
> *Daher folge meinem Rat: Lege das rechte Gewicht auf die Waage und wiege mit Herz und Verstand; so hat es der Sinn für rechtes Maß immer geboten.“*
>
> Walther von der Vogelweide (um 1200)

Seit nunmehr 27 Jahren steht die Empfehlung Walthers im Einband meines „Wöhes“, den ich mir damals zu Beginn des BWL-Studiums zugelegt hatte. Selbst in Oldenburg war Wöhes Einführung in die Allgemeine Betriebswirtschaftslehre ein Muss, an vielen Hochschulen ist sie das wohl bis heute. Bald klebte ich mir diesen Spruch darein, als Kommentar und als ein Zeichen des Zurechtrückens.

Der Spruch aus dem Mittelalter beruft sich zurecht auf eine langwährende Tradition und vielleicht auf einen Grundzug im menschlichen Sinnieren, stets aufs Neue nach einer Balance, einer konstruktiven Verbindung von Gefühl und Verstand zu suchen. Aristoteles hat dieses Ansinnen zur Grundlage seiner Ethik gemacht, in der Suche nach Mittelwegen, wie dem zwischen Habsucht und der Verachtung irdischer Güter – Mittelwege, die maßvoll zum gelungenen Leben hinführen sollen.

Reinhard Fischer macht sich auf originelle, durchdachte Art und Weise erneut auf eine ähnliche Suche und will Rationalität und Emotion beim Wirtschaften auf Augenhöhe zusammenbringen. Weil ich dieses Anliegen gerade heute für wichtig halte und den gründlichen Blick dieser Arbeit über den Tellerrand zu schätzen weiß, freue ich mich über die Veröffentlichung, denn der Inhalt animiert zum Nachdenken und liefert jeder Leserin und jedem Leser willkommene Vorlagen, die eigene Haltung zum Wirtschaften fundiert abzuwägen.

Das bleibt wichtig, weil die ökologischen und sozialen Opfer unserer derzeitigen Wirtschaftsweise nach einer neuen Ausgewogenheit verlangen, deren Zustandebringen Empathie erfordert wie auch Rationalität, die diesen Namen verdient. Hilfreich ist so ein Buch zudem deshalb, weil mitunter der Eindruck entsteht, die Wirtschaft sei eine große Maschine, in der Menschen als Instrumente dienen, indem sie Instrumente bedienen und es letztlich dabei egal sei, ob darin ein Sinn läge.

Weil Reinhard Fischer dies nicht egal ist, entstand dieses Werk. Es hat sich gelohnt.

Holger Petersen
Professor für Nachhaltigkeitsmanagement
NORDAKADEMIE – Hochschule der Wirtschaft

Vorwort von Prof. Günter Koch

Die Gemeinwohlökonomie hat als wissenschaftliches Thema die Anerkenntnis weniger, dafür aber umso prominenterer Forscher erhalten, darunter zwei Nobelpreisträger: Elenor Oostrom und Jean Tirole.

Auch wenn die viel zu früh verstorbene Elenor Oostrom zusammen mit ihrem Mann konkrete Projekte einer Almende-Philosophie realisiert hatte, wurde das Thema der Gemeinwohlökonomik in der Wissenschaft bis heute eher Top Down und aus der volkswirtschaftlichen Perspektive studiert. Einen komplementären Ansatz hat die Gemeinwohlbewegung gesucht, wie sie unter der Moderation ihres Gründers Christian Felber initial in Österreich entstanden ist: Eine Arbeitsgruppe vieler Praktiker und Akademiker hat in intensiven Arbeitsrunden Bottom Up das Modell einer sogenannten Gemeinwohlbilanz – intern wegen ihrer Zweidimensionalität auch „Matrix" genannt – entwickelt, die in Summe zwanzig Kriterienfelder beinhaltet, die jedes für sich einen Aspekt der guten Betriebsführung – insgesamt eingebettet in einen positiv perzipierten gesellschaftlichen Kontext – als zu untersuchen und auszuweisen adressiert.

Die Vorgehensweise, eine aus praktischen Erfahrungen heraus und in mehreren Versionsrunden entwickelte Berichtsmethode zur validen Grundlage vor allem für betriebliche Strategieausrichtungen für Unternehmen zugrunde zu legen, wird von der „reinen Wissenschaft" gerne in Frage gestellt, so z.B. von T. Meynhardt und A. Fröhlich in ihrem Artikel *„Die Gemeinwohl-Bilanz – Wichtige Anstöße, aber im Legitimationsdefizit"*. Die Autoren machen klar, dass das Thema im wissenschaftlichen Diskurs noch nicht seine „Grounded Theory" gefunden hat.

In dieser Situation hat der Autor dieser Arbeit, Reinhard Fischer, den Mut gehabt, eine Recherche über die Anwendbarkeit und die Erfahrungen mit der Gemeinwohlbilanzierung anzugehen und, nach einer Setzung des Bezugsrahmens und der Forschungsfrage im ersten Teil seiner Arbeit, durch Interviews mit Praktikern zu eruieren, ob und wie die Gemeinwohlbilanz zum Vorteil von Unternehmen angewandt wird.

In seiner wissenschaftlichen Vorgehensweise hat der Autor nicht nur einen Beitrag zur Methodendiskussion geleistet, sondern auch Orientierungen herausgearbeitet, wie wertebasiertes, gutes Management von Unternehmen sehr konkret gestaltet werden kann. Dem Werk ist daher eine erfolgreiche Adaption in der Praxis zu wünschen, bis hin zu einer Nutzung auch als Leitfaden zur Gestaltung betrieblicher Strategien einer nachhaltigen und neo-humanistischen Unternehmensführung.

Günter Koch, Prof.
Humboldt Cosmos Multiversity

Kurzzusammenfassung

Der theoretische Teil der Arbeit befasst sich mit ökologischen und sozialen Aspekten der Nachhaltigkeitskrise. Es werden individuelle, unternehmerische und gesellschaftliche Haltungen und Einstellungen vorgestellt, welche als Begründung für und Wege in diese multiple Krise der Gegenwart herangezogen werden können.

Es werden in der Folge Werthaltungen aufgezeigt, welche einen Beitrag zur Überwindung und Wege aus dieser Krise leisten könnten. Werthaltungen, auf deren Basis unsere Gesellschaft hin zu einer nachhaltigen, zukunftssicheren Entwicklung transformiert werden könnte.

Darüber hinaus wird gezeigt, dass westlich geprägte Wissenschaft von einem jahrtausendealten Rationalitätskalkül geprägt wird. Die strenge Orientierung an diesem Kalkül, insbesondere in den Wirtschaftswissenschaften, trägt wesentlichen Anteil an den gegenwärtigen krisenhaften Erscheinungen. Lösungsmöglichkeiten könnten in einer Ergänzung der rationalen Weltsicht durch eine Hinwendung zur Verbundenheit mit dem Lebendigen, sohin einer „Versöhnung" von Ratio und Emotio, bestehen.

Im empirischen Teil wird aus der Vielzahl von alternativen Wirtschafts- und Gesellschaftsmodellen die Gemeinwohlökonomie herausgegriffen, die sich explizit einem Wirtschaften auf der Grundlage von „menschenzugewandten" Wertvorstellungen verschrieben hat.

Es stellt sich die Frage, ob ein solcherart verfasstes Wirtschaftsmodell für die unter seinen Prämissen agierenden Unternehmen die Möglichkeit bietet, Business Cases for Sustainability zu generieren.

Der Autor kommt zu dem Schluss, dass dies möglich ist. Die von den interviewten Unternehmen genannten Gesinnungen und Werte sind: ökologische Nachhaltigkeit, Kooperation, Zukunftsorientierung, Vertrauen und Selbstbestimmung.

Junge Unternehmen, deren Wertesystem entscheidend von den Prämissen der GWÖ geprägt wurden, scheinen dabei vermehrt Anteile der ethisch-philanthropischen Motivationssphäre aufzuweisen, während langjährig etablierte Unternehmen ihr Augenmerk stärker auf den ökonomischen Erfolg der gesetzten Maßnahmen zu legen scheinen. Hinsichtlich der Erstellung von BCfS spielt dies insofern eine Rolle, als erstere Unternehmen die Gemeinwohlbilanz verstärkt als systemisches Instrument zur Erstellung von BCfS verwenden. Bei zweiteren erscheinen die BCfS eher als Ergebnis der in der Unternehmenskultur gelebten Werte des Unternehmens.

Eine Ausrichtung an humanistischen Werten als Grundlage der Unternehmensphilosophie vorzunehmen und diese auch tatsächlich im täglichen Business umzusetzen könnte jenen entscheidenden Unterschied zu konventionell tätigen Unternehmen bezeichnen. Wie Zukunft gelingt hängt auch von der Gesinnung der handelnden Unternehmen ab.

1 Einleitung

Die Welt, die wir geschaffen haben, ist das Resultat einer überholten Denkweise. Die Probleme, die sich daraus ergeben, können nicht mit der gleichen Denkweise gelöst werden, durch die sie entstanden sind.

Albert Einstein

1.1 Problemstellung – Befund

Die Gesellschaften rund um den Globus stolpern von einer Krise zur nächsten – oder sollte es nicht zutreffender formuliert sein, zu sagen, dass die Krisen in Permanenz konstatiert werden müssen, die Krisenhaftigkeit demnach systemkonstituierend zu sein scheint, weit von einer Lösung entfernt? Intellektuelle wie Roger Willemsen formulieren stellvertretend für viele das Unbehagen, welches den ersten Jahrzehnten des 21. Jahrhunderts innewohnt und das den Einzelnen oftmals ratlos zurücklässt. Aus all den Fakten zum Klimawandel, der Massenmigration, der Ressourcenknappheit, dem Artensterben etc. ist keine Praxis entsprungen, die uns einer Lösung der Krisen näherbrächte. *„Wir hatten unserem Verschwinden nichts entgegenzusetzen, rieben uns aber auf im engen Horizont einer Arbeit, die ein Unternehmen stärken, erfolgreicher, effektiver machen sollte, aber nicht Lebensfragen beantworten, das Überleben sichern helfen würde“* (Willemsen, 2016, 43).

Die Herausforderungen für die weltweiten zivilisierten Gesellschaften sind zu Beginn des 21. Jahrhunderts mannigfaltig miteinander verwoben und kaum zu überblicken. Von der Megaherausforderung der Klimakrise, über die wachsende Kluft zwischen gesellschaftlichen Schichten, von der Finanz- und Bankenkrise hin zur Überschreitung planetarer Grenzen nach Rockström et al. (2009), vom Verlust der Biodiversität hin zur Herausforderung demografischer Übergangsprozesse in den „alten“ industrialisierten Ländern reicht die Palette der Fragestellungen, auf welche Antworten durch eine nachhaltige(re) Lebensweise gefunden werden wollen, wenn wir nicht als menschliche Gemeinschaft die Grundlagen unseres Überlebens gefährden wollen (Enquete-Kommission des Deutschen Bundestages, 2013).

Die krisenhaften Erscheinungen betreffen die ökologische wie soziale Dimension gleichermaßen. Ursachen für die aktuellen gesellschaftlichen Krisen werden mannigfach analysiert und diskutiert.

Jared Diamond kommt zu dem Schluss, dass in der Vergangenheit das Zusammenspiel von bis zu fünf Faktoren ursächlich dafür war, warum Gesellschaften untergingen. Der erste Faktor sind Umweltschäden bis hin zum sogenannten Ökozid, der zweite Klimaveränderungen, der dritte feindliche Nachbarn, der vierte freundliche Handelsnachbarn, die der jeweiligen Gesellschaft ihre Unterstützung entziehen und der fünfte die Reaktion der Gesellschaft auf diese Umweltveränderungen. In unserem Zusammenhang ist von besonderem Interesse, dass die ersten vier Faktoren jeweils eine mehr oder weniger bedeutsame Rolle beim Zusammenbruch der Gesellschaft spielten, der fünfte, die Reaktion auf die Veränderungen, jedoch in jedem Fall eine entscheidende Rolle für Fortbestand oder Untergang der Gesellschaft war (Diamond, 2011, Prolog).

Ulrich Brand und Markus Wissen drücken die zeitgenössische Lebensweise mit ihren nicht-nachhaltigen Wirkungen durch den Begriff der „imperialen Lebensweise“ aus: „*Die wirtschaftlichen, politischen und medialen Protagonisten der imperialen Lebensweise wollen den Alltagsverstand dadurch kohärent machen, dass sie Menschen in Konkurrenz zueinander setzen, das Vertrauen in die Eliten zu stärken versuchen, Umweltzerstörung als technologisch bearbeitbar darstellen, Protest und grundlegende Alternativen lächerlich machen, ignorieren oder gegebenenfalls unterdrücken und das Leben der Mehrheiten auf Gehorchen, Konsum und das eigene Lebensglück trimmen*“ (Brand, Wissen, 2017, 173f).

Einer der Gründe, so Erich Fromm, für die verhängnisvolle Passivität des Menschen in Fragen von langfristigem Leben oder Tod sei die verbreitete Ansicht, es gebe keine Alternativen zu Kapitalismus oder Kommunismus. Solange die wissenschaftliche Befassung mit der Notwendigkeit einer gesellschaftlichen Änderung nicht den gleichen Platz einnehme wie die Naturwissenschaften und die Technik, solange würden Kraft und Vision fehlen, um neue und reale Alternativen überhaupt sehen zu können (Fromm, 2014, Einführung).

Philip Blom argumentiert, dass sich der Mensch, ausgehend von den USA, in den letzten 100 Jahren „umerzählt" habe, indem er Konsum zum Vehikel für spirituelle Befriedigung erhoben habe. Zwei unvereinbare Menschenbilder – der Homo oeconomicus und das irrationale Herdentier – bestimmten die Vorstellung dessen, was eine Gesellschaft sei. Alles Nachdenken über politische und soziale Entwicklungen müsste davon ausgehen, dass die Gesellschaften der westlichen Länder nicht mehr dieselben Reflexe und Haltungen hätten wie noch vor zwei Generationen. Individuen dächten und handelten anders, je nachdem, ob sie als Konsument oder als Bürger angesprochen würden. Als Verbraucher seien sie sorgloser, was die Umweltfolgen ihres Konsums betrifft, auch wenn sie als Bürger Konsum als problematisch betrachteten. Wichtig sei, wie Menschen sich selbst sehen. Wichtig sei, welche Geschichten, welche Narrative, sie über sich selbst erzählen (Blom, 2017, Der umerzählte Mensch).

Die Wahrnehmung, die Globalisierung erzeuge wachsende Disparitäten und Ungleichheiten sowie soziale Fliehkräfte, breitet sich spätestens seit den Jahren der Finanzkrise ab 2008 aus. Einem fundamentalen gesellschaftlichen Umbau in Richtung Nachhaltigkeit steht derzeit noch eine autoritäre, neonationalistische Gegenreformation entgegen, welche die Zukunftsfähigkeit unserer Gesellschaften, Rechtsstaatlichkeit und Demokratie bedrohen (Kraas et al., 2016, 4).

In dieser Situation wird vielfach eine neue Transformationsbewegung hin zu einem neuen Denken gefordert, das sich von einer eindimensionalen Wachstumsfixierung wegbewegt und anderen Formen des menschlichen Zusammenlebens und Wohlergehens zuwendet. Innovationen werden für diese erforderlichen Transformationsprozesse von zentraler Bedeutung sein. Diese entwickeln sich vielfach in gesellschaftlichen oftmals gemeinwohlorientierten Nischen, jenseits der üblichen Marktregeln, Praktiken und Institutionen (SRU, 2013, 30).

Der Transformationsforscher Harald Welzer (2013) weist darauf hin, dass eine wesentliche Voraussetzung für fundamentale Wandlungsprozesse darin besteht, dass in jedem gesellschaftlichen Segment, in jeder Schicht, in jedem Beruf, in jeder Funktion ein paar Prozent der Beteiligten beginnen, die Dinge anders zu machen. Somit besteht ein essenzieller Faktor für die notwendige gesellschaftliche Transformation in dem Umstand, dass die Träger einer sozialen Bewegung nicht aus Subkulturen kommen, sondern aus allen gesellschaftlichen Gruppen. Nur unter Abstützung auf einige wenige Menschen, welche voranschreiten, diese jedoch verteilt in der Breite des gesellschaftlichen Spektrums, kann der Wandel vorangetrieben werden und Wirkmacht entfalten (Welzer, 2013, 285).

Diese global durchzuführende Transformation hin zu einer klimaverträglichen, zukunftsfähigen Gesellschaft ist ohne große Konsumverluste und Kosten für die Weltwirtschaft realisierbar. Laut WBGU belegen zahlreiche Studien die positiven Begleitnutzen dieser Transformation, etwa für Gesundheit oder Energiesicherheit. Kontrastierend hierzu stehen ökonomische und humanitäre Verluste, welche auftreten werden, falls diese Transformation zur Nachhaltigkeit nicht gelingen sollte (WBGU, 2014, 1).

Unternehmerisches Nachhaltigkeitsmanagement als Instrument der Transformation von Unternehmen drückt sich in der Summe aller gezielter, systematischer und in Stakeholder-Beziehungen realisierter Maßnahmen zur integrativen Berücksichtigung sozialer, ökologischer und ökonomischer Wirkungen unternehmerischer Wertschöpfung aus. Damit soll erstens (innenorientiert) eine nachhaltige Organisationsentwicklung realisiert und zweitens (außenorientiert) die Organisation befähigt werden, einen positiven Beitrag zur nachhaltigen Entwicklung von Wirtschaft und Gesellschaft zu leisten (Beckmann, Schaltegger, 2014, 328).

In frühen Stadien einer großen Transformation hin Richtung Nachhaltigkeit sind es zudem typischerweise die kleinen Unternehmen und Unternehmensgründer, welche disruptive Nachhaltigkeitsinnovationen anstoßen (Hockerts, Wüstenhagen, 2009, 481).

Hier setzt die Gemeinwohlökonomie an. Von dem ATTAC-Mitbegründer und Publizisten Christian Felber öffentlichkeitswirksam promotet (Felber, 2016), wird dieses Konstrukt eines alternativen Wirtschaftens zu wesentlichen Teilen von (Klein-)Unternehmern getragen, aber auch von vielen weiteren Unterstützern aus den Bereichen Wissenschaft, Bildung, oder Verwaltung. Ein breites zivilgesellschaftliches Engagement zeichnet diesen Ansatz für eine andere Wirtschaftsweise aus. Felber bricht eine Lanze für die Einführung und das permanente

Leben von menschlichen Werten in der Wirtschaft. Nach seinem Befund sollte das Wirtschaftsleben nach den gleichen Grundregeln funktionieren, die auch die Freundschafts- und Alltagsbeziehungen prägen: Vertrauensbildung, Ehrlichkeit, Wertschätzung, Respekt, Zuhören, Empathie, Kooperation, gegenseitige Hilfe und Teilen (Felber, 2016, 18).

Zentrales Instrument, um auf unternehmerischer Ebene den Beitrag zum Gemeinwohl zu messen ist die Gemeinwohlbilanz, die anhand von 17 Kriterien gebildet wird (Verein für Gemeinwohlökonomie, 2015). Durch Adressierung dieser Kriterien soll eine Antwort auf die oben gestellten Problembefunde auf unternehmerischer Ebene gefunden werden.

Die Gemeinwohlbilanz tritt an die Stelle der Finanzbilanz, die zwar weiterhin erstellt wird, jedoch ihren Rang als bedeutendste Dokumentation des unternehmerischen Erfolgs an die Gemeinwohlbilanz abtritt. Hierdurch sollen die in der Finanzbilanz dominierenden monetären Indikatoren wieder vom Zweck zum Mittel werden, das unternehmerische Tätig-Sein wird anhand seiner Auswirkungen auf das Gemeinwohl gemessen, nicht mehr an seiner Fähigkeit zur Kapitalakkumulation. In der Gemeinwohlökonomie ist die Mehrung des Gemeinwohls das höchste Ziel. Kapital ist ein wertvolles Mittel dafür (Felber, 2016, 34).

Die vorliegende Arbeit untersucht einerseits, welche Werte es sind und wie diese Werte von den im Unternehmen tätigen Menschen konkret im Wirtschaftsleben umgesetzt werden können, auf deren Grundlage ein anderes ethisch verantwortungsvolleres (transformiertes) Wirtschaften systematisch sichergestellt werden soll. Andererseits soll im Sinne der Triple-Bottom-Line (vgl. Kap. 2.6.2), die aus den Dimensionen Ökologie, Soziales und Ökonomie gebildet wird, untersucht werden, ob die Gemeinwohlökonomie durch Fokussierung auf die beiden Eckpfeiler Umwelt und Soziales auch einen originären Beitrag zum Unternehmenserfolg (Dimension der Ökonomie) leistet. Dabei ist die Betrachtung des Potenzials zur Erstellung von sogenannten Business Cases for Sustainability (BCfS) zentraler Untersuchungsgegenstand des empirischen Teils dieser Arbeit (ab Kap. 3).

Der BCfS besteht darin, durch freiwillige ökologische oder soziale Maßnahmen den ökonomischen Erfolg des Unternehmens zu verbessern, indem die kausalen Beziehungen zwischen ökologischen oder sozialen Maßnahmen und dem Unternehmenserfolg gemanagt, verbessert oder überhaupt erst herausgefunden werden (Schaltegger et al., 2012, 97).

Die BCfS werden durch Aktivitäten in bestimmten Feldern, den sogenannten Treibern, gebildet (Schaltegger et al., 2012, 101):

- Effizienzsteigerung bzw. Kostenreduktion
- Reduktion von Risiken
- Margensteigerung
- Steigerung der Unternehmensreputation
- Anziehungskraft auf Mitarbeiter
- Innovationsfähigkeit

Die Gemeinwohlbilanz als Ausdruck von an ethisch-nachhaltigen Grundsätzen ausgerichteten Unternehmen könnte als Instrument dienen, um konkrete Handlungsansätze anhand dieser Treiber für BCfS zu identifizieren. In weiterer Folge könnten daraus Ansätze für Maßnahmen in den benannten Aktivitätsfeldern mit dem Ziel eines positiven Beitrags zum Unternehmenserfolg abgeleitet werden. Aus der systematischen Befassung mit wesentlichen unternehmerischen Betätigungsfeldern (den Kriterien der Gemeinwohlbilanz) könnten sich ebenso systematisch Ansätze ergeben, die das Unternehmen auch im ökonomischen Sinn erfolgreich werden lassen (Treiber für BCfS).

Die Herausforderung für die unternehmerische Nachhaltigkeit besteht hierbei darin, einerseits einer überkommenen und aller Wahrscheinlichkeit nach nicht zukunftsfähigen Form der Erbringung unternehmerischer Güter- oder Dienstleistungsbereitstellung durch aktives Leben ethischer Werte ein anderes, zukunftsfähiges Fundament zu verleihen. Andererseits soll selbstredend auch der dauerhafte Erfolg des Unternehmens im Sinne der Triple-Bottom-Line sichergestellt werden.

Die Gemeinwohlbilanz könnte dabei durch ihren Fokus auf den Unternehmenserfolg anhand des Beitrages zum Gemeinwohl gerade auch einen Beitrag im ökonomischen Sinn leisten und den Gemeinwohlbegriff im Sinne der Triple-Bottom-Line abrunden. Gemeinwohl wird dann von jenen Unternehmen vorangetrieben werden, welche sich stark ökologisch und sozial engagieren und dadurch ihren Beitrag zur Transformation der Gesellschaft leisten.

Dies fände vor dem Hintergrund einer starken wirtschaftlichen Basis statt, die das jeweilige Unternehmen langfristig in die Lage versetzt, durch die Generierung von BCfS am Markt erfolgreich aufzutreten. Ob dies reine Spekulation ist oder die Gemeinwohlökonomie selbst einen realistischen BCfS darstellt soll diese Arbeit wenn schon nicht abschließend beantworten, so doch zumindest ansatzweise erhellen.

Die Arbeit gliedert sich dementsprechend in einen theoretischen und einen empirischen Teil. Kapitel 2.1 definiert zentrale Begriffe und Themenkomplexe. Kapitel 2.2 beschäftigt sich mit den verschieden Problemdimensionen, welche unsere modernen Gesellschaften prägen. Kapitel 2.3 will einen Überblick über die Triebelemente und Wertebegriffe unseres gegenwärtigen kapitalistischen Wirtschaftsmodells und den Transformationsbegriff geben, während Kapitel 2.4 der Frage nachgeht, auf welchen humanistischen und konzeptionellen Grundlagen ein neues, nachhaltigeres Weltverständnis beruhen könnte. Kapitel 2.5 beschreibt die Grundzüge der Gemeinwohlökonomie, während Kapitel 2.6 das Konzept des Business Case for Sustainability erläutert.

Der empirische Teil startet mit Kapitel 3. Dieses beschreibt das Untersuchungsdesign, welches mittels Methoden der qualitativen Sozialforschung und den mit ausgewählten Unternehmen durchgeführten Interviews gebildet wird. In Kapitel 4 werden die Ergebnisse der Befragungen hinsichtlich der Unternehmenswerte und der Erarbeitung von BCfS analysiert. Kapitel 5 diskutiert die Ergebnisse und beantwortet die Forschungsfrage. Kapitel 6 schließlich fasst die wesentlichen Elemente zusammen und gibt einen Ausblick auf zukünftige Fragestellungen.

1.2 Themenabgrenzung und Forschungsfrage

Die Forschungsfrage, welche dieser Ausarbeitung zugrunde liegt lautet:

> **Inwieweit lässt sich die einer ethischen Werten verpflichtete Gemeinwohlbilanz als Grundlage für die systematische Erarbeitung von Business Cases for Sustainability heranziehen?**

Es soll untersucht werden, inwieweit Unternehmen, welche auf der Grundlage von ethischen Werten ein anderes Wirtschaften in der täglichen Praxis zu leben versuchen, durch Einführung und wiederkehrende Verwendung eines Instrumentes (Gemeinwohlbilanz) zur Erfassung von ökologischen und sozialen Aktivitäten systematisch BCfS generieren können. Zum einen soll untersucht und aufgezeigt werden, wie ein Wirtschaftsunternehmen, das sich ethischen Werten verpflichtet fühlt, diese Werte im Zusammenhang mit der Erstellung der Gemeinwohlbilanz zu leben versucht und dadurch ökologischen und sozialen Mehrwert generiert. Zum anderen ist der Blick der Untersuchung darauf gerichtet, ob durch die Zugehörigkeit des Unternehmens zur Gemeinwohlökonomie und den Prozess der Erstellung der Gemeinwohlbilanz systematisch Ansätze für sogenannte BCfS aufgespürt und umgesetzt werden können.

Möglicherweise erfolgt die Findung von Geschäftsfällen jedoch nicht systematisch, sondern eher zufällig bzw. über andere Prozesse als die Erstellung der GWB. Es könnte sein, dass die im Unternehmen gelebten Werte, welche Teil der Unternehmenskultur sind, selbst ein Treiber für die Auffindung solcher Geschäftsfälle sind. Damit wären die BCfS Ausdruck der in die Unternehmenskultur einfließenden Werte des Unternehmens.

Letztlich könnte der Umstand, dass ein anderes Wirtschaften möglich ist, ein ungemein stärkeres Attrahierungspotenzial auf Unternehmer ausüben, wenn zu vermuten ist, dass sich diese Form des Unternehmertums positiv auf die ökonomisch-monetäre Sphäre des Unternehmens auswirkt. Selbst wenn diese Schlussfolgerung nicht das zentrale Motiv der Proponenten der Gemeinwohlökonomie (Felber, 2016, 50) darstellt, so ist auch in einer Gemeinwohlwirtschaft notwendige Bedingung, dass jedes Unternehmen ebenso im herkömmlichen mit monetären Maßstäben bewerteten Sinn erfolgreich sein will und muss. Auch die Gemeinwohlökonomie ist eine Form der Marktwirtschaft (Felber, 2016, 49).

2 Thematische und theoretische Grundlagen

2.1 Begriffsverständnis – Definitionen

2.1.1 Gemeinwohl und Gemeinwohlökonomie

Gemeinwohl stellt auf das ab, was der Allgemeinheit dient im Gegensatz zu den individualistischen Interessen, die auf das Wohl des Einzelnen abzielen. Die folgenden Aussagen sollen eine Annäherung an den nicht scharf abgegrenzten Begriff des Gemeinwohls ermöglichen.

Der Kirchenlehrer Thomas von Aquin formulierte bereits im 13. Jahrhundert: „Bonum commune est melior quam bonum unius". Das Wohl der Gemeinschaft ist mehr wert als das Wohl des Einzelnen. Seither zieht sich der Gemeinwohlbegriff als Leitwert durch die christliche Soziallehre (Felber, 2014, 39).

In Artikel 14 des deutschen Grundgesetzes heißt es zum (All-)gemeinwohl: Eigentum verpflichtet. Sein Gebrauch soll zugleich dem Wohle der Allgemeinheit dienen. (Bundestag, 1949).

In der bayerischen Verfassung heißt es noch allgemeiner: Die gesamte wirtschaftliche Tätigkeit dient dem Gemeinwohl (Bayerische Staatsverfassung, 1998). Auf der Webpage des Vereins für Gemeinwohlökonomie sind weitere Beispiele für die Verankerung des Begriffes in den grundlegenden Rechtsnormen und Verfassungen einzelner Staaten angeführt: So nehmen einzelne Artikel in den Verfassungen von Italien, Spanien oder Kolumbien auf den Begriff des (All-)gemeinwohles Bezug. In außereuropäischen Kulturen sind die dem Gemeinwohl äquivalenten Konzepte das „Buen Vivir" Lateinamerikas, das „Ubuntu" Afrikas oder das „Dharma" im Buddhismus (Verein für Gemeinwohlökonomie, 2017).

Christian Felber umreißt die Kernelemente des Gemeinwohls mit einer ökologischeren und nachhaltigeren Wirtschaftsform als heute; mit mehr Regionalität, Subsidiarität und Krisenfestigkeit; mit mehr Verteilungsgerechtigkeit; mit mehr Kooperation und weniger Wettbewerb; mit mehr Menschenwürde und Wirtschaftsdemokratie. Darüber hinaus vertritt Felber jedoch auch die Ansicht, dass der Begriff keine a priori definierte Bedeutung aufweist und die Eckpunkte einer Gemeinwohlökonomie in demokratischen Entwicklungs- und Abstimmungsprozessen herausgearbeitet werden müssen (Felber, 2015, 8f).

In dieses Horn stoßen auch Münkler/Fischer, welche darauf hinweisen, dass es in pluralistischen Demokratien keine substanzialistischen Gemeinwohldefinitionen geben kann. Vielmehr würden unterschiedlichste gesellschaftliche Akteure ihre Ansprüche in diversen politischen Arenen zur Geltung bringen wollen, indem sie auf das allgemeine Wohl Bezug nehmen. Sie verweisen überdies darauf, dass der dem Gemeinwohl komplementäre Begriff der Gemeinsinn sei. Gemeinwohl stellt hierbei auf den normativen Orientierungspunkt sozialen Handelns ab. Gemeinsinn wiederum ist die Bereitschaft des sozial Handelnden, sich an diesem normativen Ideal tatsächlich zu orientieren und seinen Anspruch auf soziale Verbindlichkeit in Verhalten und Handeln umzusetzen (Münkler, Fischer, 2001, 9).[1]

Der Begriff des Gemeinwohls ist nicht von der ganzheitlichen (holistischen) Ökologie zu trennen. Er geht vom Respekt vor der menschlichen Person aus, die grundlegende und unveräußerliche Rechte im Hinblick auf ihre ganzheitliche, also holistische Entwicklung hat. In der Konsequenz ist es die Pflicht der gesamten Gesellschaft – und insbesondere des Staates als institutionalisierte Manifestation dieser Gesellschaft – das Gemeinwohl zu verteidigen und zu fördern (Franziskus, 2015, 136f). Im Rahmen eines theologischen Denkgebäudes sind nämlich die Adressaten des Gemeinwohls die Menschen insgesamt (Offe, 2001, 65).

Das Gemeinwohl ist auch im intertemporalen Sinn von Interesse. Es bezeichnet hier einen Zustand, aus dem heraus die Nachgeborenen beurteilen, ob die Vorfahren in verantwortungsvoller Weise, also auch mit Blick auf die Lebensbedingungen ihrer Nachfahren, gehandelt und entschieden, von daher ein wertvolles kollektives Erbe hinterlassen haben (Offe, 2001, 70).

1 Folgt man dieser Definition, wäre die Bezeichnung Gemeinsinnökonomie für die GWÖ vermutlich treffender, da sich die handelnden Personen an einem normativ nicht abgeschlossenen und somit vorläufigen, weil demokratisch laufend weiterentwickelten und niemals abschließend ausformulierbaren Ideal orientieren.

Eine Annäherung an eine Definition von Gemeinwohl besteht in der Anlehnung an das magische Dreieck der Gerechtigkeiten: erstens die politische Gerechtigkeit, welche die Grund- und Freiheitsrechte der Gesetzesunterworfenen garantieren soll; zweitens die soziale Gerechtigkeit, die soziale Sicherheit und Teilhabe am gesellschaftlichen Wohlstand gewährleisten soll; und schließlich die wirtschaftliche Gerechtigkeit, die darin besteht, dass durch effizienten Ressourceneinsatz das gesellschaftlich mögliche Wohlstandsniveau tatsächlich erreicht werden kann (Offe, 2001, 72).

Letztlich sind es jedoch die Spielregeln der pluralistischen Demokratie und nicht die Tugenden ethisch hochmotivierter Bürger, welche das Gemeinwohl als niemals abschließend bestimmte und unter dem Vorbehalt der nächsten Wahlergebnisse stehende Größe hervorbringt (Offe, 2001, 73).

2.1.2 Gemeinwohlbilanz

In der Gemeinwohlökonomie sollen die Systemweichen der Marktwirtschaft von Gewinnstreben und Konkurrenzprinzip auf Gemeinwohlstreben und Kooperationsprinzip umgestellt werden. Der rechtliche Anreizrahmen soll nicht den Eigennutz maximieren, sondern das Gemeinwohl (Felber, 2015, 33).

Die Gemeinwohlbilanz erstellt ein den Grundsätzen der Gemeinwohlökonomie verpflichtetes Unternehmen, um den eigenen Erfolg zu dokumentieren. Sie ist somit das zentrale Element der Gemeinwohlökonomie. Dabei geht sie über die den gesetzlichen Anforderungen genügende Finanzbilanz hinaus, bildet sie doch keine monetären Werte ab, sondern qualitative Leistungen. Sie soll das Ziel der Gemeinwohlökonomie, Geld nicht mehr als Zweck, sondern als Mittel zu begreifen in anschauliche Formen gießen. Sie dient daher als Instrument einer auf soziale, ökologische als auch ökonomische Zielerreichung gleichermaßen ausgerichteten Unternehmensführung. Nicht der Finanzgewinn steht im Fokus, sondern die Mehrung des Gemeinwohles. Nicht die Messung und Mehrung des Mittels (Geld) ist entscheidend, sondern die Erreichung der Ziele (Zweck) (Felber, 2015, 36).

Der individuelle Beitrag zum Gemeinwohl wird auf Basis der Gemeinwohlmatrix in siebzehn verschiedenen Kategorien (s. Anhang) definiert und bewertbar gemacht. Hierbei kann ein Unternehmen maximal 1.000 Gemeinwohlpunkte erreichen, jedoch nur für über die gesetzlichen Mindeststandards hinausgehende Aktivitäten. In der Praxis erstellt das Unternehmen die Gemeinwohlbilanz, lässt sie durch einen externen Prüfer testieren und veröffentlicht die erstellte und geprüfte Gemeinwohlbilanz (Verein für Gemeinwohlökonomie, 2017 (c)).

Die Gemeinwohlmatrix 4.1 wird aus einer Kombination aus Werten und den Berührungsgruppen eines Unternehmens erstellt. Die Wertekategorien sind:

- Menschenwürde
- Solidarität
- Ökologische Nachhaltigkeit
- Soziale Gerechtigkeit
- Demokratie, Mitbestimmung & Transparenz.

Die Berührungsgruppen gliedern sich in:

- Lieferanten
- Geldgeber
- Mitarbeiter inklusive Eigentümer
- Kunden, Produkte, Dienstleistungen, Mitunternehmen
- Gesellschaftliches Umfeld.

Für wiederum 17 Negativkriterien (wie z.B. Verletzung der ILO-Arbeitsnormen) können Punkte abgezogen werden. Die Gemeinwohlbilanz soll in der Konsequenz ein CSR-Instrument werden, welches tatsächliche Wirkung entfaltet. Sie soll auf Basis der Werte der Gemeinwohlökonomie die zentralen Erwartungen der Gesellschaft an Unternehmen formulieren und deren Zielerreichungsgrad messen und sichtbar machen (Felber, 2015, 40ff).

2.1.3 Ethische/Holistische/Universelle Werte

„Neue Werte für die Wirtschaft". So nennt Christian Felber eines seiner Werke (Felber, 2008). Doch warum sollte die Wirtschaft neuer Werte bedürfen? Und welche Werte sollten das sein?

Die Diskussion über Werte allgemein und spezifisch in der Wirtschaft droht sich rasch in Beliebigkeit zu verlieren. Welche Werte sind es wert, als verbindlicher Wertekanon von den Individuen gelebt und im Wirtschaftsleben angewandt und umgesetzt zu werden? Werte wie Freiheit, Toleranz, Solidarität, Gerechtigkeit oder Respekt können hier angeführt werden, welche wohl allgemeine Zustimmung erfahren dürften. Im heute vorherrschenden, von globalisiertem Wettbewerbsdruck geprägten Wirtschaftsleben wird mit diesen jedoch widersprüchlich oder unglaubwürdig verfahren (Opaschowski, 2008, 135).

Werte kennzeichnen im ethischen Sinne eine Idee, eine Norm oder eine Verhaltensweise, die einem/einer Einzelnen, einer Gruppe oder Institution als erstrebenswert und wichtig gilt. In dieser noch nicht verallgemeinerten Beziehung sind diese Werte subjektiv, je verallgemeinerbar jedoch die Idee, Norm oder Verhaltensweise ist, umso objektiver wird der entsprechende Wert. Ethische Werte sind eher der immateriellen Sphäre zuzuordnen (Ditzfelbinger, 2015, 45).

Bereits in der Aristotelischen Mesotes-Lehre bestimmen sich die Werte oder Tugenden aus einem Mittleren zwischen jeweiligen Extremen. In seiner Nikomachischen Ethik definiert Aristoteles sogenannte Kardinaltugenden: Tapferkeit als Mittleres zwischen Feigheit und Tollkühnheit; Weisheit als Mittleres zwischen der Torheit und der unbedingten Wahrheitssuche; Besonnenheit als Mittleres zwischen kopflosem Aktivismus und Gedanken- und Handlungsstarre; Gerechtigkeit als Mittleres zwischen dem Recht des Stärkeren und der gnadenlosen Anwendung einer unbarmherzigen Gerechtigkeit. Die goldene Mitte ist hierbei nicht mit Absolutheit zu bestimmen, vielmehr ist sie eine von Person zu Person unterschiedlich interpretierte Maßeinheit (Ditzfelbinger, 2015, 28f, 31). Die Herausforderung bleibt bestehen, die jeweilige persönliche Mitte in Freiheit und in Eigenverantwortung selbst zu finden und in der jeweiligen Situation konkret anzuwenden.

Die Mesotes-Lehre geht dabei weit über die Kardinaltugenden hinaus. Im Grunde kann jeder Wert, jede menschliche Qualität nur dann ihre volle Wirkung entfalten, wenn sie sich in Spannung zu einem komplementären Wert befindet. Ohne diese Balance verkommt ein Wert zu seiner entwerteten Übertreibung (Schulz von Thun, 2015, 96f).

Felber (2015) spricht davon, dass jene menschlichen Werte, die im vertrauten Umgang zwischen Familienangehörigen und Freunden einen hohen Stellenwert besitzen und uns zu Wohlergehen verhelfen, auch im täglichen Austausch zwischen den Wirtschaftsakteuren die entscheidende Rolle spielen sollten: Vertrauensbildung, Ehrlichkeit, Wertschätzung, Respekt, Zuhören, Empathie, Kooperation, gegenseitige Hilfe und Teilen (Felber, 2015, 18).

Der Kommunikationswissenschaftler und Psychiater Paul Watzlawick beschreibt jene Regel, mit der das (todernste) Spiel des Lebens beendet werden könnte mit verschiedenen Namen: Fairness, Vertrauen, Toleranz (Watzlawick, 2013, 129).

Werte sind also die Leitsterne unseres täglichen menschlichen Handelns, sie führen den Einzelnen zum permanenten Abwägen, ob sein Bestreben nach eigener Bedürfnisbefriedigung auch im ökonomischen Lebensbereich in Einklang zu bringen ist mit den Anforderungen eines universale Gültigkeit beanspruchenden Prinzips. Ein solches ethisches Prinzip hat Albert Schweitzer so formuliert: *„Ich bin Leben, das leben will, inmitten von Leben, das leben will“* (Schweitzer, 1996, 330).[2]

2.1.4 Business Case for Sustainability (BCfS)

Der Business Case for Sustainability beabsichtigt und realisiert ökonomischen Erfolg durch (und nicht nur mit) einem intelligenten Design von freiwilligem ökologischen und sozialen Management. Es muss erstens auf freiwilliger Basis zur Lösung von aktuellen sozialen und ökologischen Fragestellungen beitragen und dabei über die gesetzlichen Mindestanforderungen hinausgehen. Zweitens muss die Aktivität des Managements einen positiven Beitrag zum Unternehmenserfolg leis-

2 Auf heutige Wirtschaftsverhältnisse übersetzt könnte dieser Ausspruch lauten: Leben und leben lassen.

ten und dieser Beitrag muss stringent argumentier- und herleitbar sein. Drittens erfordert der Business Case for Sustainability eine profunde Kausalverbindung zwischen einer bestimmten Management- oder Unternehmensaktivität und den sozialen und/oder ökologischen Effekten und dem ökonomischen Erfolg.

Es existieren mehrere Treiber für den BCfS: direkt mit dem ökonomischen Erfolg verbunden ist die Kostenreduktion, z.B. durch reduzierte Materialerfordernisse, Energieeinsparungen oder weniger emissionsintensive Produktionsprozesse. Ein weiterer Treiber ist die Reduktion von technischen, sozialen, politischen oder Marktrisiken. Marktchancen werden durch Steigerung von Profitmargen und Verkaufszahlen adressiert, eine erhöhte Marktreputation oder eine Steigerung des Markenwertes werden als weitere Treiber für BCfS identifiziert. Indirekt wirkende Faktoren im Gegensatz zu den erwähnten direkt wirkenden Einflüssen sind dagegen die Attraktivität des Unternehmens zur Rekrutierung und Bindung von Mitarbeitern. Die Fähigkeit zur Innovation von Produkten und Prozessen durch eine Ermunterung zum ressortübergreifenden Denken und die Hereinnahme von Know-How der Stakeholder sind ein weiterer Treiber.

Die Kernherausforderung bei der Identifikation, der Durchführung und dem Management von BCfS ist die Integration der drei Dimensionen von Nachhaltigkeit in marktorientierte Unternehmensaktivitäten, sowohl auf der strategischen Ebene, der Ebene der Unternehmensvisionen als auch in der operativen täglichen Umsetzung (Schaltegger, Lüdeke-Freund, 2013, 245-252).

2.2 Ökologische, soziale und ökonomische Problemdimensionen

Wie lassen sich nun jene neuzeitlichen Krisen beschreiben, welche durch unsere rational geprägte westliche Wirtschaftsweise verursacht und die als Ausdruck einer Wertekrise begriffen werden können?

Hierbei ist es hinsichtlich der ökologischen Dimension aufschlussreich, sich die Zahlen zum globalen Anwachsen der materiellen Stoffwechselströme zu vergegenwärtigen. Zwischen 1950 und dem Jahr 2010 wuchs die Weltbevölkerung um den Faktor 2,7, der globale Materialverbrauch stieg von 5 t/a und Kopf auf 10,3 t/a und Kopf (t/cap/a).

Im frühen 21. Jahrhundert nutzte die Weltbevölkerung 68 Gigatonnen Materialien pro Jahr, zehnmal mehr als 100 Jahre zuvor. Würden sämtliche Gesellschaften auf dem Globus das Materialverbrauchsniveau der westlichen Gesellschaften erreichen, bedeutete dies eine Zunahme des globalen Materialverbrauchs auf 100 Gt im Jahr, ohne Zunahme der Weltbevölkerung und mit all ihren negativen ökologischen Implikationen, von Klimawandel bis hin zu Biodiversitätsverlust. Eine Trendänderung in Richtung eines nachhaltigeren Ressourcenverbrauchs erfordert die Überwindung der Trägheit des industriellen Materialverschwendungssystems (Schaffartzik et al., 2014, 96).

Der Chemiker Paul Crutzen gilt als Schöpfer des Ausdrucks „Anthropozän". Damit bringt er zum Ausdruck, dass die Eingriffe des Menschen in die Erdatmosphäre wie auch die Erdkruste zu gegenüber den natürlichen Vorgängen stark abweichenden Veränderungen führen. Diese werden ihre Auswirkungen in den nächsten Jahrtausenden zeigen und rechtfertigen somit die Definition einer eigenen geologischen Epoche – des Anhropozäns – als Ergänzung zum gegenwärtigen Zeitalter des Holozäns (Crutzen, 2002). Erstmals wird demnach ein Erdzeitalter durch die massiven und dauerhaft wirkenden Eingriffe einer auf ihr lebenden Spezies beschrieben.

Das Konzept der planetaren Grenzen (s. Abb. 1) unternimmt den Versuch, für neun Schlüsselelemente anschauliche Grenzwerte (Planetary Boundaries) zu bestimmen, die nachhaltiges von nicht nachhaltigem Terrain trennen sollen. Diese neun Bereiche sind: Klimawandel, Verlust an biologischer Vielfalt, Veränderung der globalen Kreisläufe von Stickstoff und Phosphor, Ozeanversauerung, Beanspruchung der globalen Landressourcen, Belastung der Atmosphäre mit Aerosolen, weltweite Süßwassernutzung, Ozonloch und chemische Umweltverschmutzung. Die planetaren Grenzen sind am weitesten bei der Artenvielfalt überschritten, bei der durch menschliche Aktivitäten die natürliche Artensterberate um den Faktor 100 bis 1000 beschleunigt wurde. Beim Stickstoffkreislauf sind die definierten Grenzen ebenso überschritten. Bei der Zerstörung der Ozonschicht war die Lage bereits bedrohlich, hier wurde durch die Verabschiedung des Montreal-Protokolls im Jahr 1989 jedoch eine Trendwende vollzogen. (Rockström et al., 2009). Die weiteren Indikatoren verharren noch im grünen – das heißt ungefährlichen – Bereich. Hier stellt sich die Frage, wann die derzeit beobachtbaren globalen Entwicklungspfade in den nächsten Jahren zu einer Überschreitung der Grenzen führen werden.

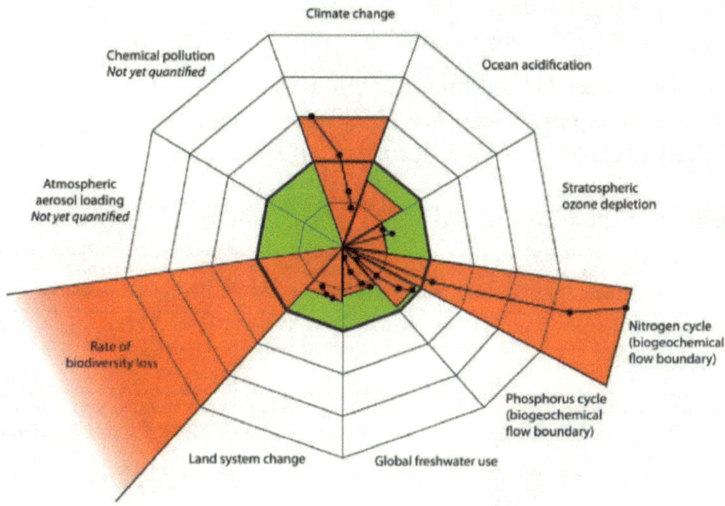

Abbildung 1 Planetare Grenzwerte für neun Schlüsseldimensionen (Rockström et.al, 2009)

Der Klimawandel befindet sich nach diesem Konzept ebenfalls auf dem Pfad der Grenzwertüberschreitung. Nach den für das IPPC durchgeführten Berechnungen ist im ökologisch bestmöglichen Fall eine langfristig anhaltende Erderwärmung von 2° C möglich. In den schlimmsten Fällen sind Steigerungen der globalen Mitteltemperatur im 8-Grad Bereich nicht auszuschließen. Nicht weniger als eine große zivilisatorische Transformation wird erforderlich sein, um die tatsächlich realisierte Erwärmung mit ihren allumfassenden Folgen im unteren Erwartungsbereich zu halten (Schellnhuber, 2015, 348ff).

Die Rockström'schen Planetary Boundaries decken den ökologischen Bereich der Problemdimensionen ab, wodurch die weiteren Herausforderungen und Krisen noch nicht beleuchtet werden.

Rogall et al. (2016) teilen die Herausforderungen des 21. Jahrhundert in drei grundlegende Dimensionen ein:

- Ökologische Dimension
- Ökonomische Dimension
- Sozial-kulturelle Dimension

Jeder dieser drei Grunddimensionen lassen sich fünf Kategorien zuordnen, welche den Bogen der Herausforderungen für die globale Gesellschaft spannen (Rogall et al., 2016, 348):

Tabelle 1 Problemdimensionen im 21. Jahrhundert

Ökologische Dimension	**Ökonomische Dimension**	**Sozial-kulturelle Dimension**
Klimawandel	Arbeitsmarkt hinsichtlich Arbeitsverfügbarkeit und -qualität	Fehlentwicklungen in Politik, Gesellschaft und Wirtschaft
Naturbelastungen durch sinkende Biodiversität und Schadstoffe	Wirtschaftliche Entwicklung, Befriedigung von Grundbedürfnissen	Armut/Demographischer Wandel und Urbanisierung
Nicht-erneuerbare Ressourcen	Inflation, externe Kosten und Konzentrationstendenzen	Chancengleichheit bzw. Diskriminierung
Übernutzung erneuerbarer Ressourcen	Instabilitäten der Finanzmärkte und staatlichen Haushalte	Globale Sicherheit
Menschliche Gesundheit aufgrund ökologischer Belastungen	Handlungsfähigkeit des Staates	Technische Risiken

Diese Übersicht verdeutlicht die Vielschichtigkeit der Herausforderungen und lässt zudem die Verzahnung verschiedener Problembereiche erahnen. Der Leiter des Potsdam Instituts für Klimafolgenforschung (PIK), Hans Joachim Schellnhuber, spricht von einer verhängnisvollen Dreiecksbeziehung zwischen dem Menschen, dem Klimasystem und dem Element Kohlenstoff. Er beschreibt unsere Zivilisation auf dem Weg in die Selbstverbrennung – aus Gier, aus Dummheit und vor allem aus Versehen (Schellnhuber, 2015, 7). Doch wie kommt es zu diesem verhängnisvollen und folgenreichen Versehen des eigentlich weisen Menschen (Homo sapiens)?

Brand/Wissen (2017) weisen darauf hin, dass vor allem in westlich geprägten Gesellschaften die Standards guten und richtigen Lebens im

Alltag geprägt werden. Dabei sind sie Bestandteil umfassender gesellschaftlicher Verhältnisse, insbesondere von materiellen und sozialen Infrastrukturen. Diese von den Autoren so genannte „imperiale" Lebensweise stellt sich über Diskurse und Weltauffassungen her, verfestigt sich in Praxen und Institutionen und ergibt sich aus sozialen Auseinandersetzungen in Staat und Gesellschaft. Grundsätzlich basiert sie auf Ungleichheit, Macht und Herrschaft, teilweise auch Gewalt und bringt diese gleichzeitig selbst hervor (Brand, Wissen, 2017, 45).

Versehen also durch selbstvergessene Form der Lebensführung, die aus Mangel an Selbstreflexion das Gute (Leben) will und das Böse (Erwachen) schafft?

Eine weitere Dimension des Versehens betrifft die Nicht-Vorhersehbarkeit von Ereignissen, die mit einer gewissen Wahrscheinlichkeit eintreten können, aber von den Betroffenen nicht oder nicht in im vollen Umfang wahrgenommen werden. Vier Gründe sind ausschlaggebend, warum Individuen und Gesellschaften nicht in ausreichendem Maß auf bevorstehende Bedrohungen reagieren. Erstens sieht eine Gesellschaft eine Bedrohung nicht voraus, bevor sie nicht eingetroffen ist. Zweitens wird das Problem möglicherweise auch dann nicht wahrgenommen, auch wenn es bereits eingetreten ist.[3] Drittens wird nach Erkennen des Problems nicht nach einer adäquaten Lösung gesucht. Und viertens gelingen die endlich eingeleiteten Maßnahmen möglicherweise nicht (Diamond, 2011, Kap.14).

Eine überraschende Erklärung findet sich für den dritten Faktor, das Ausbleiben der Suche nach Lösungen, auch wenn das Problem als solches erkannt wurde. Sie liegt im rationalen Verhalten der maßgeblichen Akteure und funktioniert nach der einfachen Formel „gut für mich und schlecht für alle anderen" und wird auch als egoistisches Verhalten bezeichnet. Dieses wird speziell begünstigt, wenn entweder keine Gesetze zur Unterbindung dieses individuell-rationalen Verhal-

3 Eine Analogie zum in Zeit und Raum auf dem Globus sehr unterschiedlich wahrnehmbaren Klimawandel mag den zweiten Faktor verdeutlichen: wird ein Frosch in einen Topf mit kochendem Wasser gesetzt, so springt dieser aufgrund der wahrgenommenen Hitze sofort aus dem Wasser. Wird der Frosch jedoch ins kühle Wasser gesetzt und dieses langsam erwärmt, so stirbt der Frosch den Hitzetod. Er hat keine Rezeptoren für die Gefährlichkeit langsam ansteigender Wassertemperatur. Dieses Phänomen wird auch als „schleichende Normalität" oder Gradualität bezeichnet.

tens bestehen oder deren Einhaltung nicht eingefordert wird. Eine besondere Form des individuell-rationalen, gemeinwohlschädlichen Verhaltens stellt die Tragödie der Allmende dar. Hier nutzen viele Verbraucher einen Gemeinschaftsbesitz, etwa Fischgründe. Existieren keine verbindlichen Regelungen für eine nachhaltige Nutzung dieses Gemeinschaftsbesitzes, so entspricht es der individuellen Nutzenmaximierung, den eigenen Nutzen auf Kosten aller anderen Nutzer zu maximieren, was schließlich zur Zerstörung des Gemeingutes führen kann (Diamond, 2011, Kap. 14).

Der Konnex zur Gemeinwohlökonomie wird hier ansatzweise erkennbar. Regelungen sind ein Teil der Lösung. Doch auf Basis welcher Werte werden diese gefunden? Wie können allgemeinverbindliche Spielregeln definiert werden, nach denen individual-rationalistischer Egoismus zugunsten von sozialverträglichem Mehrwert zurückgedrängt werden kann? Doch zunächst zu den Grundlagen unseres gegenwärtigen, eher die Schattenseiten des menschlichen Verhaltensrepertoires fördernden Wirtschafts- und Gesellschaftssystems. [4]

2.3 Triebelemente und Werte der gegenwärtigen Wirtschaftsordnung

> *Die Liebe zum Geld als Besitz […] wird als das erkannt werden, was es ist: ein ziemlich widerliches Leiden, eine jener halb verbrecherischen, halb krankhaften Neigungen, die man mit Schaudern an die Fachleute für Geisteskrankheiten verweist.*
>
> *J.M. Keynes*

2.3.1 Rationalität und Weltgesellschaft

Die gegenwärtige Wirtschaftsordnung fußt ideengeschichtlich zu einem erheblichen Teil in der europäischen Auffassung einer rationa-

4 Mittlerweile wissen zwar viele Menschen, dass wir unser Gemeingut, nämlich unsere Lebensgrundlagen systematisch schädigen, wir buchstäblich den Ast absägen, auf dem wir sitzen, aber wir glauben es nicht. Anders gesagt: Intellektuell können wir den Zustand von Welt erfassen, emotionell lassen wir dieses Wissen nicht an unser Inneres heran. Zu einem ausgewogeneren Verhältnis von Kognition und Emotion als möglicher Teil einer holistisch begriffenen Lösung vlg. Kap. 2.4.

len Welt, wie sie sich seit der hellenistischen Antike entwickelte. Rationalität wird von Silvio Vietta folgendermaßen definiert: *„Rationalität ist eine Denkform, die durch Kausalität, Zielstrebigkeit, also eine möglichst zielführende Zweck-Mittel-Relation geprägt ist. Philosophisch versucht sie alles Seiende kausallogisch zu erklären und grenzt sich dabei ab von Sinnlichkeit und Emotionen. [...] Rationalität tendiert zur Quantifizierung ihrer Denkschritte und Praxisanweisungen und durchdringt dabei alle Seinsbereiche, ist mithin eine auf Totalität ausgerichtete Denkform und Kulturpraxis. Die abendländische Rationalität ist selbst eine historische Erscheinung [...], die sich im Verlauf ihrer Geschichte ständig fortentwickelt und die heutige Weltgesellschaft herbeigeführt hat. Als solche ist die abendländische Rationalität die Dominante der Weltkultur mit all ihren Problemen und Widersprüchlichkeiten" (Vietta, 2016, 23f).*

Der entscheidende Faktor im Zusammenhang mit unserer gegenwärtigen Wirtschaftsordnung dürfte nun darin gelegen sein, dass die seit den frühgriechischen Philosophen entwickelte Denkform der Abspaltung der Rationalität von anderen menschlichen Bewusstseinsformen wie Emotionalität oder Phantasie (letztere stellen fortan das Irrationale dar) auch in die Praxis des täglichen Lebens hereinwirkt und diese nach Maßgabe der Rationalität umgestaltet. Diese Umgestaltung betrifft so unterschiedliche Kultursektoren wie die Arbeit, die Kunst, den Krieg und die entsprechenden soziologischen Rollenbilder des Menschen in diesen Sektoren.

In der Folge definiert die alle Daseinsformen und Weltgegenden durchdringende Rationalität auch die Wohlstandsstandards in der Form, dass diese direkt mit dem Entwicklungsstand der rationalen Zivilisation zusammenhängen und damit verbunden auch die Armutszonen als Defizitregionen der Rationalität kennzeichnet (Vietta, 2016, 17f).

Die Abspaltung der Rationalität von anderen Bewusstseinsformen spiegelt sich in den beiden Begriffen von Reichtum wider. Einerseits dem materiellen, in Form von quantitativ messbaren Geld- oder anderen Eigentumswerten und andererseits dem geistig-emotionalen Reichtumsbegriff, welch letzterer die sogenannten inneren Werte (Glück, Fülle, Wohlbefinden,...) bezeichnet. Hierbei ist wiederum entscheidend, dass die abendländische Rationalitätskultur sich für den materiell geprägten Reichtum entschieden hat und diesen auch ohne

Unterlass im Rahmen ihres Systems produziert. Sie generiert ihren eigenen Begriff von Reichtum und bemisst solchen nach diesem Begriff. Damit wird materieller Reichtum systemimmanent. Er ist Ausdruck jener quantitativen Wertsetzungen, welche von der Rationalitätskultur erfunden wurden. Allen voran die Bemessung in Geldwerten, die wiederum eine gesellschaftliche Akzeptanz solcher Wertsetzungen voraussetzt (Vietta, 2016, 165f).

Die so jahrhundertelang von den Europäern aufgrund ihrer im Vergleich mit den Eroberten rationaleren Kriegsführung in die Welt hinausgetragene Exploitationskultur ist in dieser Hinsicht kausallogisch nur folgerichtig.

Nach 1945 erfolgt die Expansion der abendländischen Rationalitätskultur nicht mehr in erster Linie kriegerisch, sondern durch weltweite Assimilation ihrer Produktions- und Konsumptionsformen. Hier schließt sich der Kreis zu jenen globalen Krisen, welche wir in den ersten Kapiteln ansatzweise erörtert haben. Die Ausbeutung der Natur, welche die Rationalitätskultur von Anfang an begleitet hatte, geht in eine Phase gewaltigen Weltverbrauchs über (Vietta, 2016, 168), auch hier offenbar kausallogisch nur folgerichtig.

In der Arbeitssphäre bedeutet Rationalität eine De-Individualisierung und Einordnung des Einzelnen in eine Ordnungsstruktur, welche durch die organisierende Rationalität vorgegeben wird und dem Einzelnen darin seinen Platz und seine Funktion zuschreibt. Die menschliche Arbeit ist nicht der Hauptproduktivitätsfaktor, sondern deren rationale Organisation. Je fortschrittlicher organisiert, desto effizienter und, vice versa, je weniger rational organisiert, desto unproduktiver erscheint das Wirtschaftswesen im Rahmen der Rationalitätskultur. Diese hat in den letzten Jahrzehnten die Weltökonomie in einen Prozess der Vereinheitlichung hineingerissen, welche alle anderen Wirtschaftsformen marginalisierte. Nur Vorreiter der Rationalisierung haben innerhalb dieses weltumspannenden Systems die Chance auf materiellen Wohlstand. Sohin sind Reichtum und Armut in ihrer räumlichen Verteilung das Ergebnis von regionalen Rationalitätsstandards, sowohl hinsichtlich des Produktionssektors als auch der staatlichen Organisation (Vietta, 2016, 200ff).

Mit dem weltweiten Siegeszug der Rationalität geht eine Herabwürdigung jener Kulturen einher, die stärker in einer Dimension wurzeln, welche komplementär zur Rationalität existiert: der sinnlichen Wahrnehmung und Emotionalität (Vietta, 2016, 178). Die dominierende Logik ist heute jene des Profitmachens, der Kapitalakkumulation und der expansiven Wirtschaftsaktivitäten, der Naturausbeutung[5] (Brand, Wissen, 2016, 38).

2.3.2 Das (un-)ethische Element in der Wirtschaft

The world has enough for everbody's need, but not for everybody's greed.
Mahatma Gandhi

Wenn es zur Ursachenforschung kommt, warum unsere gegenwärtige kapitalistische Wirtschaftsordnung die niederen und unethischen Instinkte des Menschen besonders herausfordert, ist die 1705 verfasste Bienenfabel des Bernard de Mandeville richtungweisend. In dieser formuliert der holländische Arzt, dass Egoismus als zentrale Antriebskraft des Einzelnen auch dem Gemeinwohl zugutekommen würde. Das sogenannte Mandeville-Paradox gründet in der Ansicht, dass das Gemeinwohl aus dem absolut rücksichtslosen Gegeneinander egoistischer Individuen entspringe (Felber, 2008, 55f).

Doch auch am Begründer der modernen Nationalökonomie, Adam Smith, kommt man, will man Ursachenforschung betreiben, nicht vorüber. In seinem 1776 erschienenen Werk „Wohlstand der Nationen" vertritt er u.a. die These, dass sich das Wohl aller, die Wohlfahrt der Gemeinschaft (bonum commune) unmittelbar aus der Eigennutzmaximierung des Einzelnen ergebe, der jeweils für sich das selbst das beste Ergebnis anstrebe (bonum unius). Er formuliert das folgende Prinzip: „*Wie nun jedermann nach Kräften sucht, sein Kapital auf den inländischen Gewerbefleiß zu verwenden, [...] so arbeitet auch jeder notwendig dahin, das jährliche Einkommen der Nation so groß zu ma-*

5 Man betrachte hier nur in bewusster Kontrastierung die Lebensform indigener Kulturen. Diese leben eine Subsistenzwirtschaft als Ausdruck einer Denkungsart, welcher jene westlich geprägte rationale Ausbeutungsform völlig fremd ist. Und zwar deshalb, weil sich die Mitglieder jener Kulturen absolut darüber im Klaren sind, dass sie mit ausbeuterischer Wirtschaftsweise nicht nur den Ast absägen, auf dem sie sitzen, sondern dass sie dieser Ast selbst sind (Weber, 2018). Konsequenterweise kämpfen indigene Kulturen heute weltweit um ihr Überleben.

chen, als er kann. Allerdings ist es in der Regel weder sein Streben, das allgemeine Wohl zu fördern, noch weiß er auch, wie sehr er dasselbe befördert. Indem er den einheimischen Gewerbefleiß dem fremden vorzieht, hat er nur seine eigene Sicherheit vor Augen, und indem er diesen Gewerbefleiß so leitet, das sein Produkt den größten Wert erhalte, beabsichtigt er lediglich seinen eigenen Gewinn und wird in diesen wie in vielen anderen Fällen von einer unsichtbaren Hand geleitet, dass er einen Zweck befördern muss, den er sich in keiner Weise vorgesetzt hatte. Auch ist es nicht eben ein Unglück für die Nation, dass er diesen Zweck nicht hatte. Verfolgt er sein eigenes Interesse, so befördert er das der Nation weit wirksamer, als wenn er dieses wirklich zu befördern die Absicht hätte. Ich habe niemals gesehen, dass diejenigen viel Gutes bewirkt hätten, welche die Miene annahmen, für das allgemeine Beste Handel zu treiben" (Smith, 2013, 451).

Wie ein volles Fass, in welches weiterhin Wasser gefüllt wird, überläuft, so fließt auch der Reichtum der Wenigen, indem sie noch mehr Reichtum anhäufen, auf alle über, zum Wohle aller. Egoismus ist daher das zentrale Wirkprinzip in der arbeitsteiligen Wirtschaft, denn nicht vom Wohlwollen des Bäckers, Fleischers oder Brauers erwarten die Menschen ihr tägliches Brot, sondern von der Bedachtnahme auf deren eigene Interessen. Nicht Humanität ist die Antriebskraft der Wirtschaftstreibenden, und die Konsumenten sprechen nicht von ihren Bedürfnissen, sondern von deren Vorteilen (Smith, 2013, 21).

In der Rezeption der klassischen Nationalökonomie gilt Smith seither als Vertreter des Konkurrenzprinzips. Die „unsichtbare Hand" wurde zum geflügelten Wort all jener, die dem Markt zugutehalten, durch eine Art „höheren" Automatismus das Beste für alle Marktteilnehmer zu gewährleisten. Hingegen findet sich der Ausdruck der „unsichtbaren Hand" bei Smith nur im Zusammenhang mit der zitierten Textstelle.

In seiner „Theorie der moralischen Gefühle" aus 1759 heißt es dagegen unter anderem, dass sich moralisch zu verhalten heiße, sich zur Rechenschaft verpflichtet zu fühlen. Und diese Moral, so führt Smith aus, besteht u.a. aus Rücksicht auf den anderen, bei aller Selbstsucht das Wohlbefinden des Anderen mitzudenken. Diese Aussage stammt von dem „anderen" Smith, der somit für als auch gegen das Gemeinwohlprinzip instrumentalisiert werden kann. Dem Autor scheint bei

Betrachtung der beiden Denkarten nicht weniger, als dass in der Wirtschaftswissenschaft über Jahrhunderte eine willentliche Verkürzung in der Interpretation des Smith'schen Denkens stattgefunden und lediglich der Konkurrenzgedanke Eingang in das moderne Denken der Mainstream-Ökonomen gefunden hat. Die anderen Aspekte des Denkens von Adam Smith werden (bewusst) ausgeblendet.

Diese Sichtweise wird auch vom Ökonomen Stephan Schulmeister gestützt, der die These von Adam Smith als Ahnherrn der neoliberalen Denkungsart ins Reich der „dichterischen Schöpfung" verweist. Im Namen der „unsichtbaren Hand" wurden in den vergangenen Jahrzehnten die Finanzmärkte entfesselt. Dadurch erreichte die neoliberale Gegenreformation ihr Hauptziel, die Entmächtigung der Politik, insbesondere von Sozialstaat und Gewerkschaften – sie alle haben sich dem „Markt" zu unterwerfen (Schulmeister, 2018, 55). Mit etwas intellektueller Redlichkeit würden sich die Vertreter der neoliberalen Gesinnung jedenfalls nicht auf Adam Smith berufen können.[6]

Radikaler Hedonismus und schrankenloser Egoismus hätten überdies nicht zu Leitprinzipien ökonomischen Verhaltens werden können, wenn nicht im 18. Jahrhundert ein grundlegender Wandel eingetreten wäre. In der mittelalterlichen Gesellschaft aber auch in vielen sogenannten primitiven Gesellschaften wurde das ökonomische Verhalten durch ethische Normen bestimmt. Das ökonomische Verhalten blieb ein Teil des allgemeinen menschlichen Verhaltens und war daher den Wertvorstellungen der humanistischen Ethik unterworfen.

Der Kapitalismus des 18. Jahrhunderts machte schrittweise einen radikalen Wandel durch: Das wirtschaftliche Verhalten wurde von der Ethik und den menschlichen Werten abgetrennt. Der Wirtschaftsmechanismus wurde als autonomes Ganzes angesehen, das unabhängig von den menschlichen Bedürfnissen und dem menschlichen Willen ist – ein System, das sich aus eigener Kraft und nach eigenen Gesetzen in

6 Als „dichterischen Schöpfer" macht Schulmeister Paul A. Samuelson aus, von dessen Standardwerk „Economics. An Introductory Analysis" immerhin fünf Millionen Exemplare verkauft wurden. Damit hat er wesentlich zur marktreligiösen Überhöhung der Metapher von der unsichtbaren Hand beigetragen (Schulmeister, 2018, 50). Von Samuelson stammt auch der Ausspruch: „Es ist mir egal, wer die Gesetze einer Nation schreibt – solange ich ihre Volkwirtschaftslehrbücher schreiben kann" (van Treeck, Urban, 2017, 29).

Gang hält. Das Elend der Arbeiter sowie der Ruin einer stetig zunehmenden Zahl kleinerer Unternehmen infolge des unaufhaltsamen Wachstums der Konzerne galten als wirtschaftliche Notwendigkeit, die man vielleicht bedauern konnte, jedoch akzeptieren musste wie die Auswirkungen eines Naturgesetzes (vgl. Kap. 2.3.5).

Die zentrale Frage allen Wirtschaftens im Kapitalismus wurde: Was ist gut für das Wachstum des Systems? Und implizit wurde die Antwort geliefert, dass alles, was dem Wachstum des Systems diene, auch das Wohl der Menschen fördere. Diese These wurde durch eine Argumentation abgestützt, wonach genau jene menschlichen Qualitäten, die das System benötigte – Egoismus, Selbstsucht und Habgier – dem Menschen angeboren seien. Sie seien somit nicht dem System, sondern der menschlichen Natur anzulasten. Gesellschaften, in denen Egoismus, Selbstsucht und Habgier nicht existierten, wurden als „primitiv", ihre Mitglieder als „naiv" abqualifiziert. Man weigerte sich anzuerkennen, dass diese Charakterzüge gerade nicht natürliche Triebe sind, die zur Bildung der Industriegesellschaft führten, sondern das Produkt gesellschaftlicher Bedingungen (Fromm, 2014, Einführung).

Umgelegt auf die zeitgenössische Wirtschaftswelt wurden diese gesellschaftlichen Bedingungen konsequent rationalisiert und deren Notwendigkeit mit allerlei Theorien begründet. Die sogenannte Trickle-Down- oder Pferdeäpfeltheorie besagt, dass der Reichtum einiger weniger letzten Endes allen zugutekommt. Die Wohlhabenden geben ihr Geld irgendwann aus und dadurch sickert der Wohlstand der Reichen nach unten zu den Ärmeren. Die Woge (des Wohlstands) hebt alle Boote gleichermaßen an (Felber, 2008, 28).

Die vorgenommene Differenzierung in ökonomische Vernunft und ethische Vernunft wiederum suggeriert, dass die ökonomische Dimension quasi im Außerethischen verortet ist. Die Profitmaximierung im Sinne Milton Friedmans wird dann zum Goldenen Kalb, an dem ethische (menschengerechte) Fragen scheitern müssen, will man rational und nicht irrational und wirklichkeitsfremd erscheinen. Ökonomische Strukturen sind jedoch Menschenwerk. Durch die strikte Sphärentrennung erfolgt eine a priori Sabotage von Änderungsphantasien bzw. -versuchen (Blessin, 2014, 423).

Auch der gegenwärtige Papst beschäftigt sich mit den Ursachen unserer multiplen Krisen und macht als unethisches Element vor allem einen alles umspannenden Anthropozentrismus aus, der für sich genommen noch nicht zu Fehlentwicklungen führen müsste, jedoch: „*das enorme technologische Wachstum ging nicht mit der Entwicklung des Menschen in Verantwortlichkeit, Werten und Gewissen einher*" (Franziskus, 2015, 98).[7] Und weiter: „*Es müsste einen anderen Blick geben, ein Denken, eine Politik, ein Erziehungsprogramm, einen Lebensstil und eine Spiritualität, die einen Widerstand gegen den Vormarsch des technokratischen Paradigmas bilden*" (Franziskus, 2015, 103).[8]

2.3.3 Darlegung der kapitalistischen Funktionsweise und Auswirkungen derselben

> *Freie Markwirtschaft kann nicht damit gerechtfertigt werden, dass sie gut für die Wirtschaft ist, sie kann nur damit gerechtfertigt werden, dass sie gut für die Gesellschaft ist.*
>
> *Peter F. Drucker*

Die kapitalistische Wirtschaft ist auf unbegrenztes Wachstum angewiesen. Ohne Wirtschaftswachstum kein Wohlstand für alle, so das gängige Credo. Abseits der Wirtschaftswissenschaften ist unbegrenztes Wachstum immer auf eine gehörige Portion Skepsis, wenn nicht Ablehnung gestoßen. Das Denkgebilde unbegrenzten Wachstums wird in der Naturwissenschaft als todbringend wahrgenommen und beschrieben.

Der Systemkybernetiker Frederic Vester war Mitbegründer einer neuen Denkungsart, des vernetzten Denkens. Systeme sind durch Regelkreise von Rückkoppelungen einzelner Teilfaktoren eines Systems gekennzeichnet. Dabei sind positive Rückkoppelungen (Aufschaukeln-

7 In ganz ähnlicher Weise argumentiert auch der Philosoph Günther Anders in seinem Werk „Die Antiquiertheit des Menschen". Der Mensch ist nicht in der Lage, mit seinen technischen Erfindungen in emotionaler Hinsicht „auf Augenhöhe" zu bleiben. Er ist in seinen Möglichkeiten des Vorstellens antiquiert, rückständig gegenüber dem, was er herzustellen, zu produzieren vermag. Letztlich führt dieses Missverhältnis zu einer Zerstörung der Humanität.

8 Welch ein Unterschied in der Haltung gegenüber der Wahrnehmung von Mensch und Natur als Produktionsfaktoren, als monetär bewertbare und bewertete Kostenpositionen. Diese Haltung verdeutlicht den notwendigen Shift weg vom Egozentrismus hin zu einem Biozentrismus, der das Lebensförderliche in den Mittelpunkt stellt.

Abschaukeln) selbstverstärkende Mechanismen, die (grenzenloses) Wachstum begünstigen, etwa in Form von Krebszellen, die sich vermehren, bis der befallene Organismus stirbt. Negative, selbstregulierende Rückkoppelungen führen dagegen zu einem Austarieren eines Systems, es gibt hierbei kein unbegrenztes Wachstum. Natürliche Systeme bedienen sich häufig negativer Rückkoppelungen, um die Stabilität und Selbstregulation des (Öko-)Systems zu gewährleisten, z.B. die Regulation der Anzahl von Mäusen und deren Fressfeinden (Vester, 1991, 55-65).

Das Prinzip organischen Wachstums zeichnet sich zunächst durch positive Rückkoppelung aus, welches nur vorübergehend auftritt und den nächsten Wachstumsstopp bereits in sich trägt. Ohne übergeordnete Kontrolle führt jedes Wachstum zur Katastrophe (Vester, 1991, 73f).

Der Schweizer Ökonom Hans Christoph Binswanger, der sich sein Leben lang mit Umweltfragen befasst und unter anderem die Ökosteuer erfunden hat beschrieb, wie Wachstum als Grundvoraussetzung unseres Wirtschaftssystems quasi systemimmanent funktioniert: Ihn trieb die Frage um, ob der Kapitalismus auf das zerstörerische Wachstum verzichten könne. Seine Antwort lautete: Nein. Denn die "Investitionsketten" würden reißen, wie er es technisch ausdrückte: Firmen investieren nur dann, wenn sie Gewinne erwarten. Permanent steigende Gewinne ergeben sich im Zeitablauf durch das Zusammenspiel der drei Hauptakteure: Haushalte, Unternehmen, Banken. Haushalte konsumieren die infolge von Investitionen geschaffenen Produkte der Unternehmen und erhalten im Gegenzug Einkommenserhöhungen. Damit die Aufwärtsspirale anhält, muss über das Bankensystem permanent ein Zuwachs an Kapital in Form von Buch- und Papiergeld und eine externe Zufuhr von Naturressourcen gewährleistet sein. Gesamtwirtschaftlich sind die Gewinne identisch mit dem Wachstum (Binswanger, 2013, 119ff).

Ohne Wachstum müssen die Unternehmen hingegen Verluste fürchten. Sobald aber Profite ausbleiben, investieren die Unternehmen nicht mehr, und ohne Investitionen bricht die Wirtschaft zusammen. Es würde eine unkontrollierbare Abwärtsspirale einsetzen, die an die Weltwirtschaftskrise ab 1929 erinnert: Arbeitsplätze gehen verloren, die Nachfrage sinkt, die Produktion schrumpft, noch mehr Stellen verschwinden (Herrmann, 2015, 3).

Insbesondere in börsennotierten Aktiengesellschaften führt der durch die quartalsmäßige Bilanzierung verstärkte Wettbewerbsdruck zusätzlich dazu, dass „finanzielles Kapital auf Kosten des sozialen und natürlichen generiert wird". Da die finanziellen Kennzahlen vor allem mit dem Absatzwachstum korrelieren, verstärkt ein sich auf finanzielle Berichterstattung beschränkendes Rechnungswesen eine unternehmerische Orientierung an Wachstum (Posse, 2015, 52).

Auch wenn Wachstumstreiber in einer globalen an anonymen Shareholder-Interessen ausgerichteten Aktiengesellschaft wesentlich stärker ausgeprägt sind, hat diese allgemeine Wachstumsorientierung somit auch starke Auswirkungen auf kleine und mittelständische Unternehmen. Denn AGs sind die dominierenden Wirtschaftsakteure im bestehenden Wirtschaftssystem und über den Wettbewerbsdruck legen sie allen anderen Unternehmen diese Wachstumsorientierung auf (Posse, 2015, 53).

Die Wachstumstreiber bringen jedoch hohe Beharrungskräfte und Pfadabhängigkeiten mit sich, die dafür sorgen, dass die bisherige Wachstumsorientierung beibehalten wird, obwohl Fehlentwicklungen bekannt sind. Die Rückkopplungsstrukturen des Systems sorgen also für ein Festhalten an der Wachstumsorientierung (Posse, 2015, 54).

Die alleinige Ausrichtung des Wirtschaftssystems auf die Wachstumsfixierung, welche zu einem immensen materiellen und finanziellen Wohlstand geführt hat, ging indes nicht mit einem Anstieg des allgemeinen Wohlbefindens oder der Lebenszufriedenheit einher. Mehr noch, führte das Wirtschaftssystem zu globalen Trends wie sozialen Unruhen, Terrorismus und Krieg (Marcus et al., 2010, 422).

Der englische Wirtschaftshistoriker Richard Wilkinson hat herausgefunden, dass es einen kausalen Zusammenhang zwischen dem Glücksempfinden der Menschen und der (Un-) gleichheit der Gesellschaft gibt. Er postuliert, dass die wachsende Kluft zwischen Arm und Reich der Gesellschaft schadet und dass die Verringerung der sozioökonomischen Unterschiede zwischen den Menschen einer Gesellschaft der zentrale Stellhebel für eine Anhebung des subjektiven Glücksempfindens ist. Wirtschaftswachstum führt ab einem gewissen Aggregationslevel zu keiner weiteren Steigerung des Wohlbefindens, weswegen die reichen westlichen Gesellschaften am Ende des Glückszuwachses durch Wirtschaftswachstum angelangt sind. Die sozialen Konsequenzen von ökonomischer Ungleichheit lassen sich anhand von Daten zu Lebenserwartung, Kindersterblichkeit, Mord- und Gefängnisraten, Vertrauenslevel oder psychischen Krankheiten belegen. Wilkinson folgert, dass das Weitertreiben des zunehmenden Statusdrucks in unserer Gesellschaft die Menschen nicht glücklicher machen wird (Wilkinson, 2010 (b), 14ff).

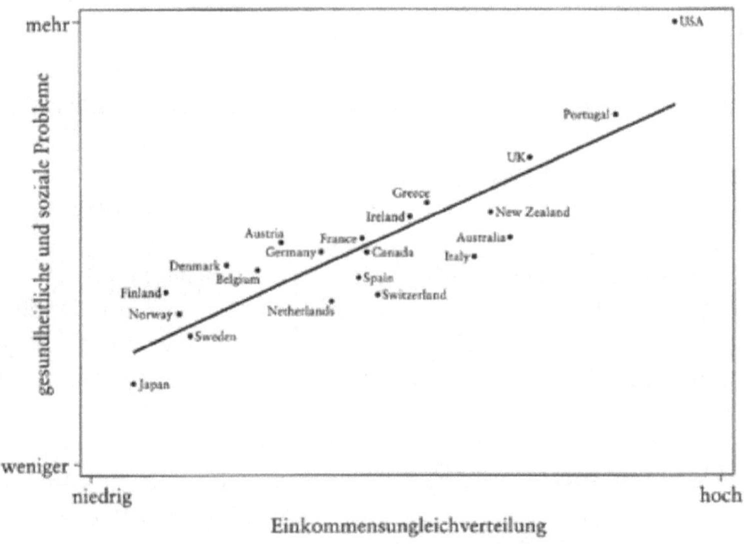

Abbildung 2 Zusammenhang zwischen gesundheitlichen/sozialen Problemen und der Einkommensungleichverteilung (Wilkinson, 2010 (b), 15)

2.3.4 Überschießende Tendenzen im Kapitalismus

Wer in einer begrenzten Welt an unbegrenztes, exponentielles Wachstum glaubt, ist entweder ein Idiot oder ein Ökonom.

Kenneth Boulding

Der Kapitalismus der Jetztzeit versucht, Wachstum als Heilmittel für sämtliche gesellschaftlichen Probleme auszugeben. Doch durch unendliches Wachstum entstehen jene ökologischen Probleme, welche die Ressourcen- und Senkenthematik charakterisieren. Er verursacht darüber hinaus Verteilungsprobleme und verstärkt die soziale Ungleichheit innerhalb der Gesellschaft (vgl. Kap. 2.2).

Smiths „unsichtbare Hand des Marktes", welche die Eigeninteressen der Einzelakteure zum größtmöglichen Wohl aller lenken soll, ist zum geflügelten Wort geworden, auf das sich vor allem Vertreter der neoliberalen Denkrichtungen berufen („The business of business is business"). Der Markt, der natürlich immer von Menschen mit ihren jeweiligen Interessen gebildet wird, hat erstens immer Recht und kann sich darum – zweitens – nicht irren. Markt- und Staatsversagen beweisen hingegen, dass Eigennutzmaximierung über diverse Rückkoppelungen mittelbar zu negativen Externalitäten und dem Ausbeuten von Gemeingütern führt (Busch, 2012, 4).

Felber missfällt am Kapitalismus, dass durch das Ausnutzen von Machtgefällen in Marktbeziehungen in den Grundeinheiten des Wirtschaftens Vertrauen zerstört wird. Vertrauen jedoch ist ein öffentliches Gut und Bindemittel der Gemeinschaft. Der Kapitalismus zersetzt dieses Bindemittel. Er ersetzt Vertrauensbeziehungen durch fragwürdige Vertragsbeziehungen. Doch dieses Verhalten ist uns Menschen nicht evolutionär innewohnend, sondern weil wir dazu erzogen und täglich neu angespornt werden (Felber, 2008, 27).

Effizienz, Gewinnstreben, Konkurrenzdenken, Wachstumsfixierung und vermeintlich vernunftgetriebenes Rationalitätskalkül prägen unsere gegenwärtigen Wirtschaftspraktiken. Eine wie auch immer geartete Einstellung gegenüber der Natur nicht nur als Ressourcenlieferant, sondern als eine eigenständige Dimension, mit der wir vielfältig verbunden sind, ist nicht opportun. Die Empfindungslosigkeit bezieht sich auch auf gesellschaftliche Beziehungen. Das System liebt nicht die Menschen, sondern nur ihre Arbeitskraft, ihre Fähigkeit zu produzieren und zu konsumieren (Boff, 2010, 194).

Schon Karl Marx analysierte, dass sich der Kapitalismus von früheren Wirtschaftsordnungen durch das Streben nach Reichtum um seiner selbst willen unterscheidet: Im Normalfall sucht der Kapitalist den Profit, indem er Geld in Waren und dann wieder zurück in Geld verwandelt, erhöht um den von der Arbeit geschaffenen Mehrwert (G(eld)-W(are)-G(eld)‘). Dies ist der realkapitalistische Ansatz, in welchem Unternehmer durch Produktion von Waren und Dienstleistungen Profit schaffen. Es gibt jedoch auch eine abgekürzte Form der Kapitalakkumulation. Im finanzkapitalistischen Ansatz stellt sich die Zirkulation (G-W-G‘) abgekürzt dar, ohne den Umweg über eine gehandelte Ware und wird zu G-G‘, Geld, das gleich mehr Geld ist (Schulmeister, 2018, 149f).

Stephan Schulmeister beschreibt in seinem Hauptwerk „Der Weg zur Prosperität“[9] die Abfolge von Prosperitäts- und Krisenphasen seit 1945 als Ausdruck der jeweils vorherrschenden (kapitalistischen) „Spielanordnung“. In der realkapitalistischen Spielanordnung liegt der Zinssatz unter der Wachstumsrate, die Profitrate des Realkapitals weit darüber. Diese Konstellation sowie stabile Wechselkurse und Rohstoffpreise lenken das Gewinnstreben auf Realinvestitionen (das in Produktionsmitteln angelegte Vermögen, Aktivseite der Bilanz). Bei anhaltend hoher Vollbeschäftigung sinkt die Ungleichheit. Insgesamt ist dies eine Phase der Prosperität, wie etwa von 1950 bis 1973.

In der finanzkapitalistischen Spielanordnung („Bullen- und Bärenmärkte“) dominiert hingegen die selbstreferenzielle Geldvermehrung (G-G‘ in der Marx’schen Diktion). Der Zinssatz liegt über der Wachstumsrate, instabile deregulierte Finanzmärkte lenken das Gewinnstreben auf Finanzinvestitionen, die Profitrate des Realkapitals sinkt und damit das Wachstum der Realinvestitionen. Arbeitslosigkeit, prekäre Beschäftigung und Sozialabbau erhöhen die Ungleichheit. Es ist dies die Phase der Krise wie seit etwa 1980 (Schulmeister, 2018, 124f).

Die Verteilungseffekte von Bullen- und Bärenmärkten erhöhen die Ungleichheit der Verteilung sowohl von Finanz- als auch von Immobilienvermögen. Ausgangspunkt hierfür ist das für den Finanzkapitalismus typische Verlagern der Altersvorsorge von staatlichen zu kapitalgedeckten (privatwirtschaftlichen) Systemen. In steigenden Finanz-

9 Der Titel ist in bewusster Anlehnung an den Nationalökonomen der österreichischen Schule Friedrich Hayek „Der Weg zur Knechtschaft“ gewählt. Während Hayek jedoch mit diesem Werk der neoliberalen Denkungsart Vorschub leisten wollte, geht es Schulmeister um die Einhegung des Finanzkapitalismus und die Stärkung des Realkapitalismus durch stärkere Sozialpflichtigkeit des Kapitals und strengere Regulierung der Finanzmärkte.

märkten werden Menschen verführt, über ihre Verhältnisse zu leben. Sinken die Vermögenspreise und kommt es zu einer Rezession, verlieren Einkommensschwächere ihre Arbeit und lösen ihr Pensionskapital ganz oder teilweise auf. Die Wertpapiere gelangen in die Hände derer, die keine Not leiden. Diese partizipieren am meisten von nachfolgenden steigenden Vermögenspreisen (Schulmeister, 2018, 154f).

Durch die Bildung von Finanzkapital allein kann eine Gesellschaft nicht zu mehr Wohlstand gelangen. Vielmehr gilt das Gegenteil: Die „unsichtbare Hand" der freiesten Märkte (der Finanzmärkte) verschlechtert systematisch die gesamtwirtschaftliche Performance (Schulmeister, 2018, 132).

Der Homo oeconomicus als theoretisches Gedankenmodell, ohne den diese freiesten Märkte nicht funktionieren würden, dient nun den Vertretern des neoklassisch/neoliberalen Denkgebäudes als das Referenzmodell des Menschen schlechthin. Der streng rational entscheidende und emotionslose Akteur ist jedoch nach Tomas Sedlacek deshalb so gefährlich, weil er eben Gefühle vollkommen ausblendet. Ist man „lediglich" wütend, kann man in diesem Zustand jemanden umbringen. Aber man wird wahrscheinlich keinen Krieg beginnen oder eine Rasse auslöschen. Denn dafür braucht es einen kühlen Kopf. Die Menschen würden häufiger Verbrechen begehen, die aus rationalem Kalkül hervorgehen. Allein ein Homo oeconomicus zu sein, ist des Menschen nicht würdig (Sedlacek, Graeber, 2015, 47).

Allein die Vorstellung, dass es einen Homo oeconomicus in der realen Welt tatsächlich gibt, trägt demnach zum Überschießen des Kapitalismus bei, weil er lediglich die Ratio anspricht und die emotionale Seite des Menschen völlig ausklammert (vgl. Kap. 2.4.2).*Die unsichtbare Hand des Marktes, die vollkommene Rationalität – die haben wir im echten Leben noch nie kennen gelernt. Wir sind noch nie einem homo oeconomicus begegnet, aber jeder von uns ist einer*". Dadurch wird der Homo oeconomicus, zu einem extrem wirkmächtigen Mythos, etwas, das nie geschehen ist, aber ständig geschieht (Sedlacek, Graeber, 2015, 63).

Wir sehen also, dass die Vorstellungskraft des Menschen erstens extrem wirkmächtig sein kann und es zweitens auch darauf ankommt, welche Vorstellungen vom Menschsein jeweils zum Tragen kommen und den Denkgebäuden zugrunde gelegt werden.

2.3.5 Große Transformation als Erweiterung des Begriffs der Nachhaltigkeit

Karl Polanyi beschrieb in seinem Hauptwerk „Die große Transformation“ den Übergang zur Industrialisierung in Großbritannien als eine Veränderung sozialer, ökologischer, politischer und ökonomischer Gegebenheiten, welche darin gipfelte, dass die Wirtschaft nicht mehr wie vordem in die Sozialstrukturen der Gesellschaft eingebettet war („embeddedness“), sondern sich im Gegenteil der gesellschaftliche Raum der Marktlogik unterwarf, die Gesellschaft somit in die Wirtschaft eingebettet wurde.

Diese Entbettung der Wirtschaft aus den gesellschaftlichen Zusammenhängen mag auch darin zum Ausdruck kommen, dass ein Slogan der Wirtschaftsvertretung nach der Art „ Geht's der Wirtschaft gut, geht's uns allen gut“ vor der großen Transformation wohl auf vollkommenes Unverständnis gestoßen wäre, da die Begrifflichkeiten eine Prioritätensetzung implizieren, die damals so nicht existierte und daher im Bewusstsein der Gesellschaft keine Manifestation erfuhr.

Als das erste Element aus der langen Kette der wirtschaftlichen Verselbständigung gegenüber dem Gemeinwesen nennt Polanyi die sogenannten Einfriedungsgesetze aus dem 18. Jahrhundert, welche den Grundherren die exklusive Landnutzung ermöglichten. Die Landbewohner, welche die vordem allgemein zugänglichen Weiden für ihr Vieh nutzen konnten, wurden durch diese Revolution der Reichen gegen die Armen erst zu jenen Mittellosen, die fortan ihre Arbeitskraft in den Industriebetrieben der Städte verkaufen mussten und dadurch die beginnende industrielle Revolution überhaupt erst ermöglichten (Polanyi, 2010, 36ff). Soll der Industrialismus jedoch nicht zur Auslöschung der Menschheit führen, dann muss er den Erfordernissen der menschlichen Natur untergeordnet werden, so Polanyi (Brie, 2015, 37).

Im Gegensatz zu frühen klassischen Ökonomen wie Adam Smith fand Polanyi nicht, dass freie Märkte quasi einem Naturgesetz entsprächen und regulierende Eingriffe des Staates erst später in Mode kamen. Er insistierte hingegen darauf, dass die liberale Marktverfassung selbst das Ergebnis politischer Interventionen sei, welche die Schutzzäune der merkantilistischen Periode niederrissen (Hank, 2014).

Auch hier zeigt sich, dass die der Wirtschaftssphäre zugrunde gelegten Spielregeln von Personen innerhalb von Institutionen der Gesellschaft verhandelt, eingeführt oder verändert werden und somit nicht im wertfreien Raum existieren. (s. Kap. 2.4.3).

Die Fundamente gesellschaftlicher Existenz und Entwicklung wurden zu Produktionsfaktoren degradiert, somit einem strengen Rationalitätskalkül unterworfen (vgl. Kap. 2.3.1). Das Inwertsetzen von Natur und Arbeitskraft durch das Kapital untergräbt jedoch tendenziell die Grundlagen von Natur und Arbeit, da letztere Elemente einer komplexen biophysikalischen Dynamik sind (Brand/Wissen, 2017, 30).

Natur und Arbeit werden vom kapitalistischen System, welches sich nur dem „Rationalen" verpflichtet fühlt, über Gebühr beansprucht und in der Folge lösen reaktive Gegenbewegungen regelmäßig krisenhafte Entwicklungsdynamiken aus.

Polanyi argumentiert weniger moralisch als systemisch: die Produktionsfaktoren Land, Arbeit und Kapital nennt er „virtuell", sie haben ihre Wurzeln im sozialen Leben. Arbeit ist der Name für menschliche Betätigung; Land ein anderes Wort für Natur; und Geld ist eine Metapher für die Kaufkraft einer Gesellschaft. Land, Arbeit und Kapital gehören sohin in die Sphäre des alles tragenden Lebens und nicht auf partikulare Märkte handelbarer Güter wo sie aufgrund dieser Trennung dem Leben nur mehr mittelbar verbunden sind (Hank, 2014).

Die Abtrennung von Lebens-Mitteln wie Land, Arbeit und Kapital vom Humanum und ihre Unterwerfung unter das Gesetz von Angebot und Nachfrage erfordert einen Preis: den der Zerstörung der menschlichen Lebensgrundlagen. Das Absägen des Astes, auf dem man sitzt, hat letztlich seinen Ursprung auch in der großen Transformation, welche ein Produkt des abendländischen Rationalitätskalküls ist.

Polanyis Verdienst besteht darin, dass er aufzuzeigen vermag, wie gesellschaftliche Umbrüche und Normveränderungen auf individuelle Rollen- und Identitätsvorstellungen rückzuwirken vermögen und die Utopie der Marktwirtschaft in die menschliche Selbstregulierung inkorporiert wird (Göpel, 2014, 71).

Transformation der Gesellschaft hin zu einer nachhaltigen, zukunftsfähigen Welt bedeutet letzten Endes nicht die eine „große Transformation" wie sie etwa Karl Polanyi zur Beschreibung des kapitalistischen Siegeszuges in den westlichen Gesellschaften formulierte, sondern viele sequenziell und parallel ablaufende Transformationsprozesse in unterschiedlichen Subsystemen (Göpel, 2014, 70).

Polanyi versteht notwendige Transformation auch in dem Sinn, dass selbstregulierende Märkte überwunden und einer demokratischen Gesellschaft untergeordnet werden müssten. Die Große Transformation des 21. Jahrhunderts erfordert den Übergang zu einer nachhaltigen Solidargesellschaft (Brie, 2015, 76).

Hierbei ist es essenziell zu erkennen, dass Opposition gegenüber dem Kapitalismus zu dessen eigenen internen Systemdynamiken gehört. Aber darüber hinausgehend ist die grundlegende Frage zu stellen, ob Gegentendenzen die Wirtschaft wieder in die Gesellschaft einbetten und damit anerkennen, dass Sozialbeziehungen die ultimative Matrix der menschlichen Existenz sind (Behrent, 2016, 451).

Für Polanyi sind folgende Einstiegsprojekte in eine umfassende Transformation zur Einbettung der Wirtschaftssphäre in die Gesellschaft erforderlich: Unbegrenzte Rechte des Privateigentums sowie des Profitstrebens müssen beschränkt werden ebenso wie die Freiheit der willkürlichen Verweigerung von Erwerbsarbeit und die Freiheit der willkürlichen Entlassung. Am Gemeinwohl orientierte Unternehmen müssen gefördert werden (Brie, 2015, 78).

Die Forderung nach Wiedereinbettung von Marktwirtschaft und Freihandel setzt aber auch bei der Etablierung von globalen Governance-Institutionen wie der nationalen Staatlichkeit gleichermaßen an (Kraas et al., 2016, 20).

Der Wissenschaftliche Beirat für globale Umweltveränderungen formuliert: „*Es muss eine neue Balance zwischen Markt und Staat hergestellt werden; die radikalen Varianten beider isolierter Ansätze sind gescheitert. Die Diversität von Steuerungsmechanismen in embedded markets kann dagegen die Resilienz von Wirtschaftssystemen stärken und Grundlage sozial-ökologischer Marktwirtschaften werden*“ (Kraas et al., 2016, 34).

Transformation ist aber auch ein Begriff, der ähnlich wie jener der nachhaltigen Entwicklung zunächst wenig Konkretes birgt. Sie kann – durchaus im Polanyi'schen Sinn – als fundamentale Veränderung verstanden werden, die Werte und Routineverhalten hinterfragt und vormalige Perspektiven verändert. Somit versteht sich Transformation im

Zusammenhang mit dem vorliegenden Betrachtungsgegenstand der Gemeinwohlökonomie als Erweiterung des Begriffs der Nachhaltigkeit. Dieser impliziert grundlegendere Änderungen als einen technologisch und von Innovationen getriebenen Übergang in eine kohlenstoffarme Gesellschaft. Er erfordert Pioniere des Wandels, wie ökologisch ausgerichtete Unternehmen (Brand/Wissen, 2017, 29f). Und er erfordert im Sinne Polanyis nicht eine marktkonforme Demokratie, sondern einen demokratiekonformen Markt (Hank, 2014).

Wie soll jedoch Transformation – hin zu einer der Nachhaltigkeit verpflichteten Lebensführung – gelingen, wenn in der Gesellschaft die Voraussetzungen dafür nicht geschaffen werden können, da nicht-nachhaltige Alltagspraxen auf unbewussten Voraussetzungen beruhen? Wie die unbewussten Sachverhalte ins Bewusstsein bringen?

Ein erster Schritt bestünde möglichweise darin, die nicht-nachhaltigen Alltagspraxen auf einer Wissensebene zu bearbeiten, das heißt, diese erst einmal zu benennen, zu beschreiben und den Menschen Zusammenhänge zwischen der Lebenspraxis und den daraus resultierenden krisenhaften Erscheinungen in der eigenen und in weiterer Folge auch der Lebenssphäre Anderer zu vermitteln. Kann man also erwarten, dass die Menschen in ihrem Alltag auch die Probleme der Wachstumsgesellschaften berücksichtigen? Eine relativ simple, aber in der praktischen Umsetzung folgenreiche Antwort lautet: Wenn es gelänge, den Zusammenhang zwischen den Problemen der Wachstumsgesellschaft und den Alltagsproblemen der sie konstituierenden Menschen herzustellen, ließen sich Ansatzpunkte für eine politische Motivation hinsichtlich einer sozial-ökologischen Wende gewinnen (Brand, Wissen, 2017, 180).

Dies bedeutete wohl auch die Wende hin zu einer sozialökologischen Transformation, der aktuell nicht nur die objektiv herrschenden Machverhältnisse und institutionellen Strukturen entgegenstehen. Auch der herrschende Diskurs ist in einer anderen Form zu prägen, eine ganz andere Form der „Erzählung" war schon für Polanyi Teil der Transformation (Brie, 2015, 93).

Die Erzählung, das Narrativ als mitentscheidender Baustein der Transformation: Backcasting oder Vorerinnerung als Blick aus der Zukunft zurück auf die Schritte, die man gehen musste, um das angepeilte Ziel zu erreichen, ist Teil dieser Erzählung. Vorerinnerungen sind mentale Vorgriffe auf etwas erst in der Zukunft Existierendes. Sie spielen als Orientierungsmittel für die Ausrichtung von Entscheidungen und Handlungen in der Gegenwart eine ebenso wichtige Rolle wie real erlebte Vergangenheiten (Welzer, 2013, 136).

Die Gemeinwohlökonomie bzw. die Gemeinwohlbilanz als Element der angesprochenen Diversität kann durchaus als ein Instrument zum Zwecke der gesellschaftlichen Transformation hin zu einer nachhaltigen Lebens- und Wirtschaftsweise betrachtet werden. Im Europäischen Wirtschafts- und Sozialausschuss wurde im September 2015 empfohlen, das Gemeinwohlökonomiemodell sowohl in den europäischen als auch die einzelstaatlichen Rechtsrahmen zu integrieren. Ein auf das transformative Potenzial hinweisendes Element ist der explizit politische Charakter und das Bemühen um eine ordnungspolitische Verankerung der Gemeinwohlökonomie (Sommer et al., 2016, 237f).

Eine definitive Verankerung der Gemeinwohlbilanz als rechtsverbindliche Form der Nachhaltigkeitsberichterstattung im Rahmen der Nicht-Finanzielle-Informations-(NFI-) Richtlinie der EU fand jedoch nicht statt.

2.4 Triebelemente und Werte einer zukünftigen Wirtschaftsordnung

Zuerst ignorieren sie dich, dann lachen sie über dich, dann bekämpfen sie dich, und dann gewinnst du.

Mahatma Gandhi

2.4.1 Humanökologische Bedingungen für eine gesellschaftliche Transformation

In sozialpsychologischer Hinsicht arbeiten Brand/Wissen (2016) mit der Begrifflichkeit der „imperialen Lebensführung“ heraus, dass Transformationen weg von der ausbeuterischen Form des Kapitalismus insbesondere deshalb besonders schwierig sind, da Produktions-, Distributions- und Konsumnormen tief in die politischen, ökonomischen und kulturellen Alltagsstrukturen und -praxen der Bevölkerung eingelassen sind. Nichtnachhaltigkeit ist demnach ein praktischer

Sachverhalt, der in der Regel unbewusst gelebt wird. Bewusste Akte des Handelns und Entscheidens beinhalten immer auch eine Vielzahl unbewusster sozialer Voraussetzungen. So werden Entscheidungen für den Autokauf auch davon beeinflusst, wie der öffentliche Verkehr ausgebaut ist, welche staatlichen Kauf- und Nutzungsanreize gesetzt werden, welche Männlichkeitsbilder vorherrschen oder wie stark gesellschaftliche Statuskonkurrenz ausgeprägt ist. Diese überindividuellen und nicht notwendigerweise bewussten Faktoren wirken sich auf die Kaufentscheidung aus. Bewusstes Handeln gründet also vereinfacht gesagt auf unbewussten Voraussetzungen (Brand, Wissen, 2016, 48f).

Auch Sedlacek (2012) geht in seiner Ökonomie von Gut und Böse davon aus, dass die wichtigeren Elemente einer Gesellschaft oder eines Forschungsfeldes wie der Ökonomie in den Grundannahmen liegen, von denen die Anhänger eines bestimmten Systems unbewusst ausgehen. Diese Annahmen erscheinen den Menschen so offensichtlich, dass sie gar nicht wissen, was sie annehmen. Sie haben keinen Anlass, die Dinge anders zu betrachten als bisher[10] (Sedlacek, 2012 ,20).

Wie wir schon bei Vietta (vgl. Kap. 2.3.1) gesehen haben, ist durch die europäische Rationalitätsgeschichte der letzten 2500 Jahre eine wesentliche Dimension des Mensch-Seins beinahe ausgeblendet worden, in der modernen Wirtschaftswelt haben Emotionen und spirituelle Erfahrungen keinen Platz. Hier zählen Werte wie Effizienz, Gewinnori-

10 Übrigens ist es hier auch passend, Robert Musil mit der oftmals zitierten Unterscheidung in Realitätssinn und Möglichkeitssinn zu erwähnen. Diese Unterscheidung ermöglicht auch das Verstehen von Umwälzungen, die zunächst ignoriert, dann belächelt, dann bekämpft und in weiterer Folge übernommen oder eingeführt werden. „So ließe sich der Möglichkeitssinn geradezu als Fähigkeit definieren, alles, was ebensogut sein könnte, zu denken und das, was ist, nicht wichtiger zu nehmen als das, was nicht ist. Man sieht, dass die Folgen solcher schöpferischen Anlage bemerkenswert sein können, und bedauerlicherweise lassen sie nicht selten das, was die Menschen bewundern, falsch erscheinen und das, was sie verbieten, als erlaubt oder wohl auch beides als gleichgültig. Solche Möglichkeitsmenschen leben, wie man sagt, in einem Gespinst von Dunst, Einbildung, Träumerei und Konjunktiven. Kindern, die diesen Hang haben, treibt man ihn nachdrücklich aus". (Musil, 1978, Abschnitt 4). Wenn eine ausreichend große Zahl von Gesellschaftsmitgliedern (Möglichkeitsmenschen?) von einer Idee überzeugt ist, ist sie möglicherweise in der Lage den Mainstream zu transformieren. Insofern ist durchaus vorstellbar, dass eines Tages ein nachhaltiger Lebensstil Common Sense ist, sofern genügend Menschen in allen Gesellschaftsschichten sich diesem Lebensmodell verschrieben haben (vgl. Kap. 1)

entierung, Konkurrenzdenken. Die Vorstellung, wir könnten nach Gutdünken über die Ressourcen unseres Planeten verfügen, weil wir uns als Krone der Schöpfung wähnen, stellt uns außerhalb der Natur, über sie und gegen sie. Unser Verhältnis zur Natur ist oft ausschließlich utilitaristisch, denn sie hat in diesem Verständnis lediglich dann einen Sinn, wenn sie auf den Menschen hin orientiert ist (Boff, 2010, 192).

Wie also den Übergang in der Wahrnehmung des Menschen schaffen? Die Transformation zu einer Lebenswelt, die nicht systematisch die Voraussetzungen für ihre eigene Existenz zerstört, bedingt auch die Transformation der menschlichen Auffassungen von „Welt", sohin die Vorstellung dessen, wie ein Leben aussehen müsste, das Lebensgrundlagen nicht systematisch schädigt, sondern systematisch fördert.

Boff plädiert für eine neue Ökologie des Humanen, bei der das Pathos in Form des Mitgefühls der Sympathie und des Erbarmens wieder einen zentralen Platz neben dem Logos einnimmt. Es geht um die Überwindung des Subjekt-Objekt-Gegensatzes, der wesentlich durch Descartes („Ich denke, also bin ich") in die Geisteshaltung der Neuzeit eingeflossen ist. Die grundlegende Struktur des Menschen ist nicht die Vernunft, sondern das Gefühl und das Empfindungsvermögen (Boff, 2015, 195).

In der Umweltenzyklika Laudato Si heißt es, dass nach einer Phase irrationalen Vertrauens in den Fortschritt und das menschliche Können nun eine Phase eintritt, in der Teile der Gesellschaft ein stärkeres Bewusstsein und eine erhöhte Sensibilität entwickeln gegenüber dem, was unserem Planeten widerfährt. Der Papst spricht der in der abendländischen Rationalitätsgeschichte systematisch abgewerteten Emotio das Wort, wenn er meint, es gehe darum, das, was der Welt geschieht, schmerzlich zur Kenntnis zu nehmen und in persönliches Leid zu verwandeln, um zu erkennen, welches der Beitrag ist, den jeder Einzelne leisten kann (Franziskus, 2015, 35).

Erich Fromm postuliert, dass eine radikale Änderung des menschlichen Verhaltens Grundvoraussetzung für dessen nacktes Überleben sei. Zum ersten Mal in der Menschheitsgeschichte hänge die physische Weiterexistenz der Menschheit von der radikalen seelischen Veränderung des Menschen ab. Dieser Wandel des Herzens sei aber nur möglich, wenn sich soziale und ökonomische Strukturen grundlegend wandeln und Mut und Vorstellungskraft in ausreichendem Maße vorhanden sind, um diesen Wandel voranzutreiben (Fromm, 2014, Einführung).

Fromm formuliert sinngemäß, dass einer der gewichtigsten Einwände gegen das Ziel, Habsucht und Neid zu überwinden, nämlich der Einwand, dass diese in der menschlichen Natur verwurzelt seien, bei näherer Betrachtung stark an Bedeutung verliere. Habsucht und Neid seien nicht von Natur aus so stark, sondern infolge des allgemeinen Drucks, ein Wolf unter Wölfen zu sein. Sobald sich das gesellschaftliche Klima, die allgemeinverbindlichen Wertmaßstäbe geändert habe, werde auch der Übergang von der Selbstsucht zum Altruismus um vieles leichter sein (Fromm, 2014, Wesensmerkmale der neuen Gesellschaft).

Zukunftsforscher stellen fest, dass die Menschen in unsicheren Zeiten weniger an die Steigerung des Lebensstandards denken als an das Erreichen eines Mindestmaßes an sozialer Lebensqualität. Das materielle Wohlstandsverständnis ändert sich grundlegend. Für Deutschland gilt der Befund, dass Kinder mehr zu Mitmenschlichkeit als zu Konkurrenzdenken erzogen werden sollen und dass ein Wertewandel hin zu einem höheren Stellenwert für Sozialbeziehungen und Naturerleben als für die Anhäufung von materiellen Wohlstandsgütern eingesetzt hat (Opaschowski, 2008, 139ff). Lebensstandard ist eben etwas anderes als Lebensqualität. Weniger Materialität könnte die Voraussetzung für mehr Qualität sein. Wenn bei den Menschen in der Gesellschaft bereits längst ein Umdenken in Gang gesetzt hat, stellt sich die Frage, warum diese sich wandelnden Werte noch nicht im (globalen) Wirtschaftsgeschehen angekommen sind.

Nötig erscheint hierzu eine rationale Einschätzung der Rationalität, um deren eigene Grenzen und Engführungen zu erkennen. Reichtum bemisst sich nicht in erster Linie in Quantitäten, sondern in den Qualitäten von sinnlicher Wahrnehmung, Emotionen und Phantasien. Rationalität tendiert zur Beengung von Individualität durch Disziplinierung und Kontrolle. Eine Entwicklung der Gesellschaft und ihrer Individuen hin zu einer mehr holistischen Lebens- und Weltauffassung würde jene Freiräume eröffnen, in denen sich ein selbst bestimmtes und offenes Lebensgefühl entfalten kann, eine nachhaltige ökonomische Wohlfahrt. Somit ist ein Paradigmenwechsel der Rationalität vonnöten: Weg von einer ausbeuterischen, hin zu einer reflexiven und nachhaltigen Form der Rationalität. (Vietta, 2016, 216ff).

In der wertebezogenen Spiritualität des gegenwärtigen Papstes geht es darum, von einer Haltung des Problemleugnens oder Resignierens abzustehen und sich einer universalen Solidarität hinzuwenden, bei der es der Talente und des Engagements aller bedarf. Eine vertiefte Hinwendung zur Umwelt-, Human- und Kulturökologie ist erforderlich, was vor allem die Erkenntnis einschließt, dass die Lebens- und Überlebensbedingungen auf komplexe Art miteinander verwoben sind, deren Zusammenhänge wir nie endgültig erkennen oder verstehen können. Nicht zuletzt bedarf es, um einer konstatierten oberflächlichen Fröhlichkeit zu entsagen, einer grundlegenden Hinwendung zu einer Ethik der Güte und der Ehrlichkeit (Franziskus, 2015, 31,123,186).

Fasst man die Anforderungen an die vor uns liegende Transformation zusammen wird deutlich, dass die anstehenden Veränderungen weit über technologische und technokratische Reformen hinausreichen. Die Gesellschaften müssen auf eine neue Geschäftsgrundlage gestellt werden. Es geht um einen neuen Weltgesellschaftsvertrag für eine klimaverträgliche und nachhaltige Weltwirtschaftsordnung. Dieser Gesellschaftsvertrag muss eine Kultur der Achtsamkeit (aus ökologischer Verantwortung) mit einer Kultur der Teilhabe (als demokratische Verantwortung) sowie eine Kultur der Verpflichtung gegenüber zukünftigen Generationen (Zukunftsverantwortung) kombinieren. (WBGU, 2011, 2).

2.4.2 Neuere Konzepte menschlicher Auffassungen von „Welt"

Mit allem, was lebt, sind wir durch Wesensverwandtschaft und Schicksalsgemeinschaft verbunden.

Albert Schweitzer

Unsere materialistisch determinierte Vorstellung von Welt hat uns seit vielen Generationen geprägt. Wir leben in einer Welt des Materialismus, der die Wirtschaftskreisläufe befeuert und uns Bedürfnisbefriedigung suggeriert. Bedürfnisbefriedigung ausschließlich in materieller Hinsicht.

Dies führt zu einer Weltsicht der „Nekrologie". Die handelnden und die Macht konstituierenden Menschen vom Typ „Nekrosoph" befassen sich mit Zahlen, Daten, Fakten; also toter Materie. Lebendig im Sinne einer Kultivierung auch des Immateriellen wird man aber erst durch die Befassung mit Lebendigem, seien es nun lebende Organismen oder die Vorgänge in der Natur. Unser System trennt aber systematisch das Tote von allem, was uns das Lebendige sinnlich erfahrbar werden lässt. Das System zwingt uns, rationaler, vernünftiger, effizienter, profitmaximierender zu werden. Was wir dabei schlicht und ergreifend übersehen ist, dass wir als Menschen Teil des natürlichen Kreislaufes sind und uns nur als Lebewesen begreifen können, die in permanenter Interaktion mit anderen Lebewesen und Lebendigem stehen. Einfacher ausgedrückt: Die Befassung mit totem Material lässt uns selbst weniger lebendig werden, die Befassung mit Leben lässt uns aber selbst lebendiger werden. Wer in der Wirtschaft nur mit toten Zahlen operiert und für keinen emotionalen Ausgleich sorgt, verliert das Gefühl für die Notwendigkeit des Lebendigen. Dies führt letztlich zur Wahrnehmung von Natur als Ressource für Gewinnmaximierung und zur Wahrnehmung von Menschen als Humankapital. Der Gedanke von Natur als eigenständigem, aus sich selbst heraus sinn- und werthaltigem Teil von „Welt" oder der Gedanke einer Gesellschaft als Wertegemeinschaft ist für Menschen dieser Geisteshaltung nicht vorstellbar und daher nicht denkbar[11]. Es ist daher zu konstatieren, dass wir als Gesellschaft seit Langem an einem Verlust einer Sensibilität dem Lebendigen gegenüber laborieren.

Es gibt jedoch – vor allem in den Naturwissenschaften – Ansätze, die deutlich über den Materialismus hinausweisen und eine völlig andere Sicht auf die Welt ermöglichen. Die Auffassung von Welt basiert in diesen Konzepten auf Lebendigkeit, auf der Vorstellung, dass sich der Mensch als lebendiges Wesen verwirklichen, seinen Gemeinschaftssinn ausleben möchte und durchaus im Einklang mit natürlichen Prozessen, mit seinem der Natur entsprungenen und mit Natur interagierenden Wesen stehen will.

11 Margareth Thatchers „There is no such thing as society" mag als illustrierendes Beispiel dienen.

Ivan Illich hat sich bereits zur Zeit der „Grenzen des Wachstums“ des Club of Rome im Jahre 1972 mit der Notwendigkeit der Begrenzung von wachstumsfördernden individuellen wie gesellschaftlichen Strukturen zugewandt. Er nannte sein Konzept Konvivialität, im englischen conviviality. Der Terminus Konvivialität bedeutet für Illich die Summe aus technischen und instrumentellen Werkzeugen, deren sich der Mensch bedient. Werkzeuge sind demnach nicht nur Maschinen und Technologien, sondern auch institutionalisierte Prozesse wie Schul-, Gesundheits- oder Transportwesen (Illich, 1998, 41). Konvivialität meint eine Gesellschaft, in der diese Werkzeuge vernünftigen Wachstumsbeschränkungen unterliegen (Illich, 1998, 13f).

Konvivialität als Konzept erklärt das Gegenteil von industrieller Produktion zur Norm. Sie soll für den autonomen und kreativen Umgang von Menschen mit ihrer Umwelt als Gegensatz zu den konditionierten Reaktionen von Menschen auf Anforderungen durch andere und Anforderungen durch eine künstliche Umwelt stehen. Konvivialität erhält nach Illich einen hohen ethischen Wert dadurch, dass sie individuelle Freiheit in persönlicher Interdependenz verwirklicht. Sie entstünde auf der Grundlage gesellschaftlicher Regelungen, die dem einzelnen den umfassenden und freien Zugang zu den Werkzeugen gewährleisten und diese Freiheit nur um der gleichen Freiheit eines anderen willen einschränken könnten. Sie zeichnet sich durch drei Grundwerte aus: das menschliche Überleben, die Gerechtigkeit und das selbstbestimmte Arbeiten. Die Voraussetzungen für die konviviale Arbeit sind strukturelle Regelungen, die eine noch nicht dagewesene Machtverteilung ermöglichen würden (Illich, 1998, 30ff). Die von Menschen genutzten Werkzeuge sind dann konvivial, wenn sie jedem, der sie benutzt, die bestmögliche Gelegenheit bietet, die Umwelt mit den Ergebnissen seiner Visionen zu bereichern.

Ivan Illichs Konzept der Konvivialität stimmt in wesentlichen Punkten mit dem überein, was auch in der Gemeinwohlökonomie gelebt werden soll und will: die Beschränkung zu mächtig gewordener Werkzeuge durch Eliminierung als Zweck und Wiedereinsetzung als Mittel auf der Basis von der Allgemeinheit dienenden Wertvorstellungen: Eine konviviale Gesellschaft sollte es jedem ermöglichen, so autonom wie nur möglich mit Werkzeugen umzugehen, die in so geringem Maß wie möglich anderen unterstünden. Menschen empfinden nicht nur Befriedigung, sondern Freude, wenn sie schöpferisch tätig sein können (Illich, 1998, 41). Dies kann durchaus im Sinne einer Beschränkung der Orientierung am Geld als Zweck und einer Ausrichtung am Lebendigen, dem Menschen Dienenden verstanden werden.

Gerhard Frank argumentiert, dass in den letzten zwei Jahrhunderten Naturwissenschaft und Wirtschaft in wechselseitiger Beeinflussung das gegenwärtig dominierende materialistische Weltbild geschaffen haben. Damit ging eine fortschreitende Orientierung des Menschen am materiellen Wohlstand einher. Die dualistische – materielle wie immaterielle – Natur des Menschen bekam eine eindeutig materielle Schlagseite. Er erachtet jedoch die immaterielle Wertewelt – Glück, Freude, Unbeschwertheit, Frieden, Selbstentfaltung, geliebt sein als ebenso wichtig für die menschliche Entwicklung. Materiell kommt jeder Mensch mit einem Gefühl für Genügsamkeit auf die Welt. Die immateriell ausgelebte Seite des Menschen hat jedoch keine oder nur geringe Auswirkungen auf die Ressourcennutzung bzw. die Nutzung der Umwelt als Emissionssenke. Eine Welt, in der neben dem rein materiellen Dasein auch immaterielle Tugenden gelebt werden, weist folgende Kennzeichen auf:

- Sie knüpft und stärkt reale Beziehungen und macht die Gemeinschaft widerstandsfähiger, belastbarer, hoffnungsfroher, hilfsbereiter gegenüber jenen, die der Hilfe bedürfen, weniger vorurteilsvoll und weniger anfällig für ideologische Hetze.
- Je mehr immaterielle Kompetenz erlernt wird, umso geringer wird der Bedarf an konsumistischer, materieller Bedürfnisbefriedigung.
- Immaterielle Entfaltung trägt zur Entschleunigung bei.
- Glück hängt nicht vom Haben ab. (Materielles) Haben schließt andere von der Nutzung aus, (immaterielles) Sein benötigt geradezu den Anderen, um Glück entfalten zu können. Einheit im Erleben, als systematische Bedingung des Glücks setzt Teilen voraus (Frank, 2018, 237f).

Er postuliert eine neue Qualität des Erlebens, welche sich durch Orientierung am Lebendigen auszeichnet: *„Im Erleben schaffen wir die Bedingungen für unser Leben. Indem wir als Erlebende auf unsere Umwelt einwirken, sind wir es, die die Probleme schaffen, von denen die Medien tagtäglich berichten. Klimawandel, Ressourcenknappheit, Artensterben* *u.v.m. – all das folgt aus unserem Lebensstil, der sich im Erleben jedes Einzelnen manifestiert. In der Art und Weise, wie du und ich träumen, denken, fühlen, handeln und in unseren Haltungen übereinstimmen. Der Schaden, den ich dem Leben zufüge, füge ich mir zu, weil ich ein Teil vom Leben bin. Er kommt wie ein Bumerang zurück und trifft mich dort, wo ich am verwundbarsten bin. In meinem Hoffen auf eine gute Welt, in meinem Sehnen nach einem guten Leben in einem friedlichen Miteinander auf einem unbeschädigten Planeten. Es braucht ein anderes Erleben, wenn wir damit aufhören wollen, uns selbst zu schaden. […]. Verhalten und Erleben sind identisch. Ich bestimme, was ich denke, träume, fühle, mit dir teile, mache und damit den Kreisläufen des Lebens zufüge. Unser Schicksal liegt in unseren Händen.“* (Frank, 2018, 244).

Einer der engagiertesten Vertreter einer Hinwendung zum Biophilen, zu einer neu verstandenen und gelebten Lebendigkeit in der Beziehung des Menschen zu seinem Tun und zu seiner Weltstruktur, in welche jeder Einzelne eingebettet ist, ist der Biologe Andreas Weber. Sein Konzept des „Enlivenment“ ist getragen von der Frage, wie ein würdevolles Leben für den Menschen möglich wird, bei dem er in friedlicher Koexistenz und in Respekt mit der Natur leben und die planetaren Grenzen akzeptieren kann. In den Naturwissenschaften geht eben ein Paradigmenwechsel vor sich. Weg von einer reduktionistischen Weltsicht, welche Natur als deterministische Maschine von außen betrachtet hin zu einer „enlivened“ Sicht von Welt, welche den Menschen als tief eingebettet in ein Netz dynamischer, lebendiger und kreativer Beziehungen begreift. Subjektivität (im Gegensatz zur Trennung von Subjekt und Objekt), Empfindungsfähigkeit, Ausdruck, Werte und Autonomie befinden sich im Zentrum der Biosphäre. Und dies nicht als bloßer Ausdruck spekulativer Theorien, sondern zunehmend durch empirische Befunde bestätigt (Weber, 2013, 7).

Der Homo oeconomicus als rationaler, nutzenmaximierender Marktteilnehmer ist das Narrativ, welches wir über uns selbst erzählen und das im Wechsel unsere Vorstellungen von Welt prägt und unsere Phantasien über mögliche Alternativen von vorneherein limitiert.[12] Natürliche Prozesse sind hingegen äußerst ineffizient und höchst frei-

12 Das zeitgenössische Narrativ „There is no alternative (TINA)“ ist in individueller wie in gesellschaftlicher Hinsicht eines der abstrusesten, schädlichsten und haltlosesten Konstrukte, welches lediglich dem neoliberalen Zeitgeist und seiner Unter-

gebig im Produzieren von Überschüssen. Natur ist kein Nullsummenspiel, sondern eine expansive, kollaborative Entfaltung des Lebens selbst. Es ist im Lichte dieser neuen Erkenntnisse essentiell, die Auswirkungen unserer gegenwärtig dominanten ökonomischen Strukturen und deren Ökonomisierung sämtlicher Daseinsdimensionen genauestens zu untersuchen. Deren Prinzipien versagen in der Anerkennung der wissenschaftlichen Wirklichkeit des Lebens selbst – dass Leben und Lebendigkeit fundamentale Kategorien des Denkens und dass individuelle Erfahrung und Sinn bedeutende Wirklichkeiten von Ökosystemen sind, welche Gesetz, Politik und Institutionen anerkennen und fördern müssen. Die Errungenschaften der Aufklärung – unsere individuellen Freiheiten und Rechte – müssen mit der sich entwickelnden Vision des Enlivenment kombiniert werden, der Entfaltung der beziehungsvollen, ko-kreativen Kraft von autonomen Wesen (Weber, 2013, 8).

In seiner Umweltenzyklika „Laudato si" formuliert der Papst: „*Diese Überzeugung* (die Verbundenheit mit allem Lebendigen, Anm.) *darf nicht als irrationaler Romantizismus herabgewürdigt werden, denn sie hat Konsequenzen für die Optionen, die unser Verhalten bestimmen. Wenn wir uns der Natur und der Umwelt ohne diese Offenheit für das Staunen und das Wunder nähern, wenn wir in unserer Beziehung zur Welt nicht mehr die Sprache der Brüderlichkeit und der Schönheit sprechen, wird unser Verhalten das des Herrschers, des Konsumenten oder des bloßen Ausbeuters der Ressourcen sein,[…]. Wenn wir uns hingegen allem, was existiert, innerlich verbunden fühlen, werden Genügsamkeit und Fürsorge von selbst aufkommen.*" (Franziskus, 2015, 29).[13]

Denker wie Lynn Margulis, Francisco Varela, Humberto Maturana, Alicia Juarrero, Stuart Kauffman und Gregory Bateson haben zur Ent-

werfung der Menschen unter „die Märkte" huldigt. Es ist hoch an der Zeit, dies zu entlarven und Gegenmaßnahmen der lebendig machenden Selbstermächtigung zu ergreifen.

13 Vergleiche die Ausführungen in Kapitel 2.3.1, die den Kontrapunkt zu diesen Sätzen bilden: Überbordende Rationalität und Ausblendung der irrationalen Anteile im Menschen als eine der wesentlichen Ursachen für die Krisen der Gegenwart. Irrationalität in Form von Phantasie und kreativer Emotionalität als wichtige Eigenschaften in Ergänzung zur Rationalität, um die Krisen effektiv anzupacken. Damit wir endlich auch glauben (können), was wir längst wissen (müssen). Und aus tiefster innerer Überzeugung heraus zu handeln beginnen.

stehung eines Bildes beigetragen, in der Organismen nicht länger als Maschinen betrachtet werden, die mit anderen Maschinen konkurrieren, sondern als natürliche Phänomene, welche sich selbst in materieller Hinsicht kreieren und entwickeln, während sie kontinuierlich Erfahrungen machen und diese ausdrücken. Lebendig sein ist diesen Forschern zufolge nicht eine Sache des Ursache – Wirkung – Denkens alleine, sondern ebenso sehr ein kompliziertes Zusammenspiel von Interessen und Gefühlen. Hirnforscher wie Antonio Damasi zeigen, dass Emotionen, nicht abstrakte Kognition, der Stoff sind, der unsere Hirne ausmacht. Insbesondere die Biologie als Wissenschaft vom Leben entdeckt, dass Empfindung und dessen Ausdruck nicht nur Begleiterscheinungen in Organismen darstellen, sondern vielmehr die Art und Weise sind, wie lebendige Wesen überhaupt existieren (Weber, 2013, 19).

Letztlich bedeutet das Konzept des Enlivenment einen Paradigmenwechsel, die Überwindung der Cartesianischen Subjekt-Objekt-Trennung. Die Objektivierung der Tatsachen (als vorausgesetzte Bedingung aller modernen Wissenschaft), der von außen die Dinge betrachtende rationale und von daher unemotionale Beobachter wird abgelöst durch das denkende, mitfühlende Subjekt, das im Anderen eben nicht ein totes Objekt, sondern ein lebendiges Subjekt erkennt. Das bedeutet keinesfalls einen Rückschritt hinter die Errungenschaften der Aufklärung und auch keinesfalls die Abwendung von der Wissenschaft an sich. Aber es bedeutet, dass Wissenschaft insgesamt lebendiger wird, weil das Subjekt nicht ein totes Objekt, sondern im Gegenteil ein lebendiges Subjekt und die Interaktionen zwischen sich und dem anderen Subjekt untersucht und *erlebt*. Was für ein wundervoller Blick auf eine zukünftige lebendige Entwicklung von Welt. In der Geld als das begriffen wird, was es ist: tote Materie, die „nur“ ihren Zweck als Tauschmittel erfüllt und erfüllen soll. Und in der humanistische Grundwerte als Ausdruck echten menschlichen (Mit-)Empfindens gelebt anstatt von einem nekrophilen System unterdrückt zu werden.[14]

14 Der Autor ist sich völlig bewusst, sich hier wissenschaftlich „weit aus dem Fenster zu lehnen“, aber das haben schon andere – weitaus bedeutsamere Geister – vor ihm getan. Ich (lebendiges Subjekt – sic!) gebe das wieder, was ich mir als zukünftig neues (transformiertes) wissenschaftliches Paradigma sehr gut vorstellen kann, weil ich beobachte und empfinde, wohin die Überbetonung toter Materie in ihren

2.4.3 Der Handlungsrahmen einer transformierten Wirtschaft

Frage nicht was die Welt braucht. Frage dich, was dich lebendig macht und dann geh und tu das Entsprechende.

Howard Thurman

Die Frage, ob der Mensch prinzipiell eher eigennutz- oder gemeinnutzorientiert ist, beschäftigt auch die Hirnforschung. In den letzten Jahren haben Verhaltensexperimente Zweifel daran genährt, dass die These des Menschen, der zuallererst an sich selbst denkt und durch diesen Mechanismus das Wohl der Allgemeinheit herbeiführt, aufrechtzuerhalten ist. Der Verhaltensökonom Ernst Fehr hat nachgewiesen, dass im Hirn die gleichen Belohnungsareale aktiviert werden, gleichgültig ob sich der Betreffende eigennützig oder altruistisch oder prosozial verhält. Nun ist die Frage, welches Verhalten der Einzelne konkret wählt, um sich hirntechnisch selbst zu belohnen. Die Experimente, welche Fehr in unterschiedlichen Kulturkreisen durchgeführt hat, zeigen eines ganz deutlich: egoistische Trittbrettfahrer gibt es überall und diese führen dazu, dass die anfänglich Kooperationsbereiten nach mehreren Experimentierrunden ihre Zusammenarbeit einstellen. Werden durch den Spielleiter jedoch Sanktionierungsmöglichkeiten geschaffen, die durch die Teilnehmer des Experimentes eigenständig angewendet werden können, so steigt der Grad der Kooperationsbereitschaft kontinuierlich an. Fehr argumentiert, dass es entscheidend darauf ankommt, wie wir unsere Institutionen gestalten und welche Handlungsmöglichkeiten geschaffen werden (Singer, 2015, 143-153).

Eine Wirtschaftsordnung, welche die Problematiken und Dysfunktionalitäten der gegenwärtigen weitgehend vermeidet, wird daher um die Schaffung der normativen und funktionellen Grundlagen eines ethisch-moralischen Wirtschaftens nicht herumkommen. In der philosophienahen Literatur zur Wirtschaftsethik wird die Auffassung ver-

lebenspraktischen Konsequenzen führen kann. Außerdem finde ich Interdisziplinarität überaus anregend. Darüber hinaus geben auch „alternative" Wirtschaftswissenschaften wie die Verhaltensökonomie dem Menschen als lebendiges und durchaus widersprüchliches Wesen neues Gewicht und berücksichtigen dies in ihren Konzepten und Theorien. Diese neuen Auffassungen sind eben nur noch nicht im „Mainstream-Denken" angekommen.

treten, dass es hinsichtlich ethischen Handelns in Verbindung mit der Ausübung von Wettbewerb zweier Ebenen bedarf, die sich bezüglich ihres Handlungsrahmens unterscheiden lassen. Der erste – individuelle – Handlungsrahmen wird durch die unmittelbar von den einzelnen Akteuren gesetzten Handlungen, deren Ziele, Motive und Interessen gekennzeichnet. Jene Handlungsweisen also, welche die Akteure selbst in der Hand halten. Die Mittel, die von den Akteuren eingesetzt werden sind beispielhaft die Preis- und Produktpolitik, das Betriebsklima, Werbemaßnahmen oder die Zahlung von Löhnen und Gehältern.

Der zweite – systematische – Handlungsrahmen besteht in den Handlungsbedingungen, unter denen individuelles Handeln stattfindet, die der Einzelne jedoch nicht in der Hand hat. Hierzu zählen gesellschaftliche und kulturelle Voraussetzungen ebenso wie das klassische Geflecht von Gesetzen und Vorschriften, Wirtschaftsordnung und Justizapparat. So verstanden besteht Ethik in der Wirtschaft aus den individuellen Spielzügen und den allgemeingültigen Spielregeln.[15]

Nach dieser fundamentalen Unterscheidung ist es demnach möglich, Wettbewerb und Ethik simultan zu verwirklichen, indem ethische Prinzipien wettbewerbsneutral und ausbeutungsresistent in den Spielregeln inkorporiert werden, während der Wettbewerb in den Spielzügen angelegt ist. (Homann, Lütge, 2005, 27f).

Theoretisch entbehrt diese Unterscheidung nicht einer gewissen zwingenden Logik. Sie ist dennoch zu kurz gedacht, denn sie berücksichtigt nicht die in ihr angelegte Schwäche in der Ausführung. Wenn der einzelne nicht ethisch-moralisch in seiner Handlungsweise sein muss, weil er dadurch von den externen Umständen angehalten wird, so schließt dies eine mechanistische Weltsicht, zumindest jedoch eine technokratische Meinung zur Entstehung der entsprechenden Handlungsrahmen, der Spielregeln mit ein. Denn diese fallen ja nicht vom Himmel, noch werden sie ohne Auseinandersetzung der zeitgenössischen Ideen und Leitsätze, somit frei von demokratischen Vorbedingungen geboren.

Vielmehr entstehen die Handlungsrahmen, Gesetze, Vorschriften, gesellschaftlichen Bedingungen durch die Menschen, welche diese Gesellschaft bilden. Somit werden die Gesetze von Menschen gemacht,

15 Die Schulmeister'sche „Spielanordnung" (vgl. Kap. 2.3.4).

die aufgrund ihrer Herkunft, Bildung und ihres Status einen gewissen Einfluss auf die Entstehung des Handlungsrahmens nehmen können. Und diese Menschen wiederum handeln unter dem Einfluss von Sitte, Moral, Ethik, so wie sie in ihrer jeweiligen individuellen Entwicklung eben geprägt worden sind. Der Handlungsrahmen entsteht daher nicht als exogen vorgegebenes Gebilde, sondern in der Auseinandersetzung unterschiedlicher Menschen mit verschiedenen Weltanschauungen. Ob die Spielregeln ethischer oder weniger ethisch ausfallen ist daher eine Funktion der sie gestaltenden Akteure vor deren jeweiligen ethischen Selbstverständnis.

Um die bestehende Regimestruktur zu ändern und zu einem Suchprozess in Richtung einer Postwachstumsgesellschaft beizutragen, können zukunftsfähige Unternehmen dort, wo ihr einzelbetriebliches Handeln an Grenzen stößt, sich vernetzen und auf andere gesellschaftliche Rahmenbedingungen hinwirken. Insbesondere in Bezug auf den nötigen kulturellen Wandel von Konsum- und Lebensstilen bedarf es eines Zusammenwirkens unterschiedlicher Akteure und Entwicklungen, wie die Transitions-Forschung aufzeigt. Aufgrund ihrer personellen und finanziellen Ressourcen haben Unternehmen diesbezüglich weitreichende Möglichkeiten (Posse, 2015, 81).

Dass Unternehmen tatsächlich verschiedene Möglichkeiten haben, „es“ anders zu machen, bestätigt auch die Empirie. Der Epidemiologe und Ungleichheitsforscher Richard Wilkinson hat anhand zahlreicher Studien herausgefunden, dass es nicht nur den Staaten obliegt, durch die Gesetzgebung Ungleichheit zu verringern. Auch in Betrieben kann eine höhere Produktivität erreicht werden, wenn Mitarbeitern weitreichende Mitbestimmungsrechte eingeräumt werden (Wilkinson, 2010 (a)).

Seit in den achtziger Jahren des vorigen Jahrhunderts die Wirtschaftsordnungen weitgehend liberalisiert und dereguliert wurden, werden Fragen des verantwortlichen Verhaltens von Unternehmen und die Verantwortung von Individuen diskutiert (Pech, 2008, 22). Dabei ist ethische Verantwortung im Spannungsfeld zwischen der Handlungsfreiheit des Einzelnen und den Handlungsbedingungen (Unternehmensverfassung, Marktbedingungen, Gesetzen und den Grundsätzen der Moral) zu verorten (Pech, 2008, 27f).

Eine Bewertung, ob eine Handlung nun verantwortlich war oder nicht kann nur bei Vorhandensein von Handlungsalternativen erfolgen. Wirtschaftsethik versucht nun Aussagen über das gute und gerechte Wirtschaften zu treffen. Unterteilt wird sie in Ordnungs-, Unternehmens- und Individualethik (Pech, 2008, 40).

Peter Ulrich versteht seinen Ansatz zuallererst als grundlegende Kritik am herrschenden ökonomischen Rationalitätskonzept. Konstitutiv für seinen Ansatz ist der Versuch, die disziplinäre Trennung von Ökonomie und Ethik systematisch zu überwinden. Die ökonomische Theoretisierung und Herauslösung von Rationalitätskriterien war Vorbedingung für die Abtrennung von der praktischen Vorstellung davon, was gutes Leben ist. Die Polanyi'sche (Polanyi, 2010) große Transformation schreitet ungehindert voran und hat zur Folge, dass im Namen des Rationalitätsprinzips Handlungen gesetzt werden, welche dem praktischen guten Leben diametral entgegenstehen (vgl. Kap.2.3.5). Sein Ansatz bildet den Versuch einer normativen Idealtheorie vernünftigen Wirtschaftens (Pech, 2008, 120f).

Sinn und Zweck des Wirtschaftens ist für Ulrich der Mensch. Zu seinem Nutzen soll alles wirtschaftliche Handeln geschehen. Eine vernünftige gesellschaftliche Wirtschaftsweise orientiert sich demnach sinnvollerweise an ihrer Lebensdienlichkeit. Das fragwürdige Verhältnis zwischen ökonomischer Sachlogik und ethischer Vernunft gilt es zu klären und lebensdienlich neu zu bestimmen (Pech, 2008, 122f).

2.4.4 Etablierung einer anderen Unternehmenskultur

Hoffnung ist nicht die Gewissheit, dass Etwas gut ausgehen wird, sondern das Wissen, dass etwas Sinn macht, egal wie es ausgeht.

Vaclav Havel

Aus den Aus- und Hinführungen in den vorhergegangenen Kapiteln ergibt sich die Notwendigkeit eines anderen Wirtschaftens, einer Ökonomie, die nicht mehr auf den Fromm'schen Antrieben des Kapitalismus – Egoismus, Selbstsucht und Habgier – beruht, sondern jene Kräfte, welche nach den Erkenntnissen der Hirnforscher dem Menschen tatsächlich auch angeboren sind – Hilfsbereitschaft, Kooperation, Vertrauen – in das Verhalten der handelnden Akteure miteinbezieht. Eine Ethik auf der Basis humaner Werte ist für unser Wirtschaften gefragt.

Spaemann konstatiert ein Wiedererstarken der ethischen Disziplin durch einen Mangel an Sitte in berufsethischen Zusammenhängen und der Entstehung neuer Fragen nach Gerechtigkeit. Individuen, Unternehmen und Staaten erkennen, dass auftretende Konflikte mit wirtschaftlichen Aktivitäten zusammenhängen können und die Frage nach dem richtigen Handeln aufwerfen (Pech, 2008, 7).

Peter Ulrich geht so weit, eine Beschränkung des Gewinnprinzips zu fordern, wenn die Erzielung des Profits nicht mit Individual- bzw. Unternehmens-/Wirtschaftsethik vereinbar ist. Ulrich misst der Individualethik einen herausragenden Stellenwert bei, wohl weil Wirtschaft für Ulrich immer auch einem Gemeinsinn dienen soll, der zwar abstrakt definiert werden kann, jedoch individuell-praktisch gelebt werden muss – als permanente Reflexion darüber, was nicht nur mir selbst nützt, sondern auch einem oder mehreren anderen. Wenn der Mensch also grundsätzlich mehr auf Kooperation (Singer, 2015) denn auf Konkurrenz angelegt ist, dann ist die Betonung der Individualethik nur folgerichtig.

Bei Felber liest sich die Betonung der Individualethik folgendermaßen: *„Smith' Satz über Bäcker, Metzger und Brauer muss umgekehrt werden: Vom Wohlwollen – von der sozialen Verantwortung – des Bäckers, Brauers, Metzgers erwarten wir alle unsere tägliche Mahlzeit, nicht von der Verfolgung ihrer Eigeninteressen. Das Wohl der UnternehmerInnen ist systematischer Miteffekt ihres Gemeinwohlstrebens, weil ihr Wohl im Wohl aller inbegriffen ist, und nicht umgekehrt das Wohl aller ein Nebeneffekt privaten Gewinnstrebens ist. In keinem anderen gesellschaftlichen Bereich würden wir so einen Satz akzeptieren: „Nicht von Wohlwollen der LehrerInnen/ArztInnen/PolitikerInnen/Eltern erwarten wir unsere Gesundheit/Bildung/unser tägliches Brot, sondern davon, dass sie ihr eigenes Interesse verfolgen" (Felber, 2008, 236).*

Die zentrale Frage lautet daher nicht, wie das Unternehmertum durch eine Änderung der ethisch-moralischen Handlungsleitlinien, der gesellschaftlich als „richtig" empfundenen oder vorgegebenen Aktivitäten zur Steigerung des Gemeinwohls beitragen könne, sondern wie unter den gegenwärtigen multiplen Systemkrisen die Gesellschaft, und als Subsystem der Gesellschaft die Wirtschaft, das Ökonomische so transformiert werden, dass beispielsweise die Wertbildung der sozialwirtschaftlichen, der solidarischen Dienste positiv und unverkürzt zur Geltung kommen können (Müller, 2011, 16).

Die Stiftung Weltethos fordert in ihrem Manifest „Globales Wirtschaftsethos" genau jene Werte ein, die auch von Felber's Gemeinwohlökonomie gelebt werden wollen; die Goldene Regel der Gegenseitigkeit erfordert auch im Wirtschaftsleben wechselseitige Verantwortlichkeit, Solidarität, Fairness, Toleranz und Achtung von allen Akteuren. Fairness im Wettbewerb und Kooperation zum wechselseitigen Nutzen sind grundlegende Prinzipien einer sich nachhaltig entwickelnden Weltökonomie. In Artikel 10 heißt es explizit, dass Wahrhaftigkeit, Ehrlichkeit und Zuverlässigkeit Werte sind, ohne die nachhaltige und Wohlfahrt fördernde Wirtschaftsbeziehungen nicht gedeihen können. Sie sind Voraussetzungen für die Bildung von Vertrauen im zwischenmenschlichen Miteinander sowie im ökonomischen Wettbewerb. Das Gewinnerzielungsprinzip wird nicht in Frage gestellt, da es die Voraussetzung zum wirtschaftlichen Überleben des Unternehmens darstellt. Jedoch schadet Korruption dem Gemeinwohl, da diese systematisch zu Fehlallokationen und zur Ressourcenverschwendung führt (Stiftung Weltethos, 2009).

Bei Peter Ulrich stehen drei Postulate an zentraler Stelle, wenn es um die Etablierung einer Unternehmenskultur geht, welche nicht nur Profitstreben als alleinige Existenzberechtigung für Unternehmen gelten lässt:

- Das Postulat innovativer geschäftsstrategischer Synthesen: Hierbei ist vom Unternehmen bei der Verfolgung des betriebswirtschaftlich Nützlichen eine Selbstreflexion über Handlungsalternativen gefragt, wodurch die verantwortbaren normativen Grundlagen der wirtschaftlichen Wertschöpfung reflektiert werden.
- Das Postulat der dialogischen Unternehmenspolitik: Das Ziel ist eine konsensorientierte Unternehmenspolitik, die ein Entscheiden der internen wie externen Betroffenen im demokratischen Horizont einfordert.
- Das Postulat der ordnungspolitischen Mitverantwortung: Die Einforderung von allgemeingültigen Spielregeln durch die Unternehmen steht über der Verfolgung von Partikularinteressen.

Der systematische Ort der Moral ist bei Ulrich die unbegrenzte Öffentlichkeit aller Wirtschaftsbürger (Pech, 125f).

Ulrich beurteilt überdies die grundsätzliche Möglichkeit bzw. Notwendigkeit von Wirtschaftsethik innerhalb der gegebenen marktwirtschaftlichen Ordnung. In der Praxis sind die beiden Ansätze der Sachzwang- und der Gemeinwohlhypothese zu unterscheiden. Dabei definiert die Sachzwanghypothese ethisches Verhalten unter dem gegebenen ökonomischen Rationalitätskalkül als unmöglich in praktisches Handeln integrierbar. Ulrich bezichtigt diesen Ansatz jedoch als reinen Denkzwang, denn Sachzwänge existierten nur im Rahmen der Naturgesetze. Dieser ökonomische Determinismus sei selbst eine normative Setzung. Bei der Gemeinwohlhypothese kommt hingegen die „unsichtbare Hand des freien Marktes“ ins Spiel, nach der wirtschaftsethisches Handeln nicht erforderlich ist, da das Verfolgen von Einzelinteressen im Ergebnis immer zum Wohle aller führt. Ulrich verwirft auch dieses Konzept als Metaphysik, die moralisches Handeln per se verunmöglicht (Pech, 2008, 132f).[16]

Vielmehr entwirft er ein zweistufiges Verfahren zur Etablierung einer Unternehmensethik als iterativen Prozess der kritischen Reflexion über die normativen Bedingungen.

Auf der Ebene der Geschäftsethik wird die Verbindung von Ethik und betriebswirtschaftlichem Erfolg als tägliche unternehmerische Herausforderung begriffen. Die republikanische Unternehmensethik verpflichtet Unternehmen dazu, Ordnungspolitik mit Sinn für das Gemeinwesen zu betreiben und damit allgemeine Interessen vor das einzelwirtschaftliche Gewinnprinzip zu setzen. In der Konsequenz liest sich Ulrichs Ansatz der freiheitlich verfassten Bürgergesellschaft als ein dritter Weg zwischen dem marktorientierten Wirtschaftsliberalismus und einem staatsgetriebenen Wirtschaftssystem. Die Bürgerfrei-

16 Hier ist anzumerken, dass die Smith'sche Gemeinwohlhypothese gleichzusetzen ist mit dem Trickle-Down-Effekt, der eben nicht per se das Gemeinwohl aller zum Ziel hat, sondern lediglich annimmt, dass bei ausreichender Versorgung der Wohlhabenden mit Wirtschaftsgütern und finanziellen Mitteln auch die Minderbemittelten vom Überfluss profitieren werden. Dieses ist nicht das Verständnis von Gemeinwohl, wie ich es in Kapitel 2.1.1 umrissen habe. Zur allgemeinen Rezeption des Smith'schen Konzeptes der „unsichtbaren Hand“ vgl. Kap. 2.3.2.

heit ist höher zu werten als die Freiheit des Marktes oder der Administration (Pech, 2008, 135f).

2. Stufe der Verantwortung: **Republikanische Unternehmensethik**	• Kritische Hinterfragung systemischer Sachzwänge, die in unternehmensethische Dilemmasituationen führen • *Ordo*liberales Engagement in der kritischen Öffentlichkeit für ethisch begründete ordnungspolitische Reformen der Rahmenbedingungen a) Ordnungspolitische Mitverantwortung b) Unbegrenzte kritische Öffentlichkeit aller republikanisch gesinnten Staats- und „Wirtschaftsbürger" als „Ort der Moral"
1. Stufe der Verantwortung: **Geschäftsethik**	Suche nach rentablen Wegen legitimen und sozialökonomisch sinnvollen Wirtschaftens innerhalb der ordnungspolitischen Rahmenbedingungen: a) Legitimitätsprämisse: moralische Rechte anderer Personen nicht zu verletzen > begrenztes Gewinnstreben b) Unternehmerische Integrationsaufgabe: innovative geschäftsstrategische Synthesen zwischen Ethik und Erfolg > unternehmensethisch fundiertes Gewinnstreben

Abbildung 3 Ulrichs zweistufiger Ansatz der Unternehmensethik (Pech, 2008)

2.4.5 Konzepte für alternatives Wirtschaften und gesellschaftliche Transformation

Nachhaltige Ressourcennutzung verlangt eine andere Auffassung von Wirtschaft. Es gibt Konzepte , welche Wachstum in einer geänderten Form weiterhin als unabdingbar betrachten und es gibt solche, welche einem grundlegenden wirtschaftlichen Paradigmenwechsel das Wort reden, bei dem (quantitatives) Wachstum keine Rolle mehr spielt (Bundesministerium für Land- und Forstwirtschaft, 2012). Ihnen gemein ist eine Abkehr von jenen Triebkräften, welche das gegenwärtige Wirtschaftssystem prägen (vgl. Kap. 2.3).

Rogall (2012) fordert eine Entwicklung in den Grenzen der natürlichen Tragfähigkeit. Durch Einsatz politisch-rechtlicher Instrumente soll trotz moderater Wachstumsraten der Ressourcenverbrauch global gesehen um 50 % reduziert werden. Im Mittelpunkt steht eine nachhaltige Transformation der globalen Volkswirtschaften. Wesentlichste Voraussetzung für den Umbau ist die Forderung, wonach das Delta der Ressourcenproduktivität immer höher sein muss als das Delta des Bruttoinlandsprodukts. Nur so lässt sich in absoluten Größen Wirtschaftswachstum mit einem Rückgang des Ressourcenverbrauchs kombinieren. Um diese Formel über viele Jahre hindurch tatsächlich umsetzen zu können, sind folgende Voraussetzungen erforderlich: moderates Wirtschaftswachstum, Wachstums- und Schrumpfungsprozesse (z. B. Ausstieg aus fossilen Energieträgern), konsequente Umsetzung der Strategiepfade Konsistenz, Suffizienz und Effizienz (z.B. Neukonstruktion fast aller Industrieprodukte), Einführung eines Systems von Naturnutzungszertifikaten, konsequente Umsetzung der Ressourcenwende (z.B. Vermeidung von Ressourceneinsatz, Kreislaufwirtschaft, Einsatz von alternativen Stoffen) (Rogall, 2013, 100ff).

Die „Steady State Economy" geht auf den Wirtschaftswissenschafter Herman E. Daly zurück, der seinerseits auf Überlegungen von John Maynard Keynes aus den dreißiger Jahren des vorigen Jahrhunderts aufbaut. Im Zustand des Steady State ist eine Wirtschaft dann, wenn sie auf optimalem Niveau physisch nicht weiter wächst, sondern sich auf nachhaltigem Konsumniveau bei konstanter Bevölkerung weiterentwickelt. Die Gesetze der Thermodynamik spielen in diesem Konzept eine wesentliche Rolle. Der Menschheit steht ein begrenztes Budget an Energie mit niedriger Entropie (Maß der Unordnung) zur Verfügung. Wenn zuviel dieser Energie für wirtschaftliche Aktivitäten verwendet wird, beginnen die komplexen lebenserhaltenden ökologischen Systeme zu versagen. Auf dieser Basis kritisiert Daly die vorherrschende orthodoxe Wachstumstheorie. Drei Institutionen sind aus Daly's Sicht zur Erreichung einer Steady-State-Economy erforderlich: eine Institution, welche beauftragt ist, die Bevölkerung konstant zu halten, zweitens eine Institution, die für einen konstanten physischen Kapitalstock sorgt (z.B. mittels handelbaren Zertifikaten für natürliche Ressourcen) und drittens eine Institution, die sich um mehr Verteilungsgerechtigkeit kümmert (z.B. durch Einführung von Obergrenzen für Einkommen und Vermögen). Im Ergebnis baut das Konzept auf marktwirtschaftlichen Grundsätzen auf (Bundesministerium für Land- und Forstwirtschaft, 2012, 31ff).

Ein wesentliches konstituierendes Element betrifft die Systemgrenzen. Während die orthodoxe Wirtschaftswissenschaft unterstellt, die Wirtschaft sei das Gesamt- und die Natur lediglich ein Subsystem, so ist vom Standpunkt der Steady-State-Economy die Volkswirtschaft ein offenes Untersystem in einem endlichen, nicht wachsenden und stofflich geschlossenen Ökosystem. Eine Steady-State Wirtschaft zeichnet sich dadurch aus, dass der Materialdurchsatz innerhalb des Ökosystems auf einem konstanten Niveau verbleibt, bei dem die Umwelt weder über ihre Regenerationsfähigkeit hinaus ausgebeutet noch über ihre Aufnahmefähigkeit hinaus verschmutzt wird. Wächst die Wirtschaft über dieses Optimum hinaus, so steigen die ökologischen Kosten schneller als die Produktionsgewinne (Daly, 1995, 76f).

Auch das Enlivenment-Konzept (vgl. Kap. 2.4.2) trägt dem Umstand Rechnung, dass materielles Wachstum in der Natur nicht unbegrenzt ist. Das „Bruttosozialprodukt" der Biosphäre verharrt seit langem in einem stabilen Zustand. Die Ökologie der Natur ist eine steady-state Ökonomie. Der einzige Faktor in der Natur, welcher wächst ist die immaterielle Dimension, welche die „Erfahrungstiefe" genannt werden kann: Die Diversität der natürlichen Formen und die verschiedenen Wege, Lebendigkeit zu erfahren (Weber, 2013, 18).

Ansätze des Degrowth oder Postwachstum sind in ihren Ansätzen radikaler und fordern Schrumpfungsprozesse angesichts der Erfolglosigkeit bisheriger Maßnahmen zur Bekämpfung der nachteiligen Auswirkungen des Wirtschaftswachstums. Hierbei steht das Gesundschrumpfen der Wirtschaft durch weniger Konsum und Produktion im Vordergrund. Das Wirtschaftswachstum wird als Problem und nicht als Lösungsweg identifiziert. Technologische Innovationen und die Steigerung von Ressourcen- und Energieeffizienz würden nicht ausreichen, weil Rebound-Effekte auftreten, die Produktion und Konsum weiter steigern. Jede Form von zusätzlichem Wachstum lenke von dem Widerspruch ab, dass Bruttosozialprodukt-Wachstum und eine Renaturierung auf ein nachhaltiges Niveau nicht miteinander vereinbar sind (Bundesministerium für Land- und Forstwirtschaft, 2012, 34-40).

Als neue Formen der Wirtschaft, welche das Wohlbefinden der Menschen ins Zentrum stellen, gelten neben der hier behandelten Gemeinwohlökonomie das südamerikanische Konzept des Buen Vivir, die solidarische Ökonomie (z.B. fairer Handel) und die Transition-Bewegung. Allen diesen Ansätzen ist gemein, dass sie die Kommerzialisierung von weiten Bereichen des Lebens und daraus resultierende sinnentleerte Tätigkeiten kritisieren. Alle Ansätze sind bestrebt, die Gemeinschaft zu stärken und meist lokal oder regional im Rahmen von kollektiven Aktionen zu konsumieren und zu arbeiten. Dabei sind diese Ansätze selbst der Kritik ausgesetzt, in ihren Anti-Globalisierungstendenzen rückschrittlich zu sein und durch weniger Arbeitsteilung und ineffizientes Wirtschaften zu einer Verteuerung der Produkte zu führen (Bundesministerium für Land- und Forstwirtschaft, 2012, 10f).

In der Vielfalt der Ansätze liegt die Stärke der neuen Diskurse über ein anderes Wachstum sowie über Postwachstum. Der gemeinsame Bezugspunkt sind die sich mehrenden Krisen, die mit der weiteren Expansion des ressourcenintensiven Wachstumsmodells an Virulenz gewinnen, die zunehmende nicht-nachhaltige Verschuldung der öffentlichen Haushalte, die die politischen Gestaltungsspielräume massiv einschränken, sowie nicht zuletzt die Suche nach Wohlstandsmodellen, die im Sinne der Menschenrechte die materielle Grundversorgung aller Erdenbürger sicherstellen und zugleich über materielle Güter hinausweisen (Bundesministerium für Land- und Forstwirtschaft, 2016, 12f).

Dieses Hinausweisen über die reine Orientierung an materiellen Gütern könnte tatsächlich den Kern eines anderen, eines werte- und menschenorientierten Wirtschaftens sein. Die Tatsache muss Anerkennung finden, dass die Wirtschaft keine wertneutrale Naturwissenschaft ist, die keinerlei Seele besitzt. Die Regel des freien Marktes lautet: Reguliere ihn nicht! Mische dich nicht ein! Er wird uns in die Zukunft führen! Komme ihm nicht mit moralischen Kategorien! Diese Auffassung von Marktverständnis ist für Tomas Sedlacek nicht akzeptabel. Um aus der Sackgasse heraus zu navigieren, muss dem Markt wieder eine Seele eingehaucht werden (Sedlacek, Graeber, 2015, 23). Und somit den Menschen, welche den Markt bilden.

Der Ansatz der Gemeinwohlökonomie nimmt unter den zahlreichen alternativen Wirtschaftskonzepten mittlerweile einen prominenten Platz ein. Es scheint sich dabei im Vergleich mit anderen Konzepten um einen der weniger radikalen Ansätze zur Transformation unseres Gesellschafts- und Wirtschaftssystems zu handeln, insbesondere fühlt es sich der Marktwirtschaft verpflichtet. Allerdings auf einer fundamental anderen Wertebasis, die versucht, dem Menschen seine „wegrationalisierte" Seele zurückzugeben.

2.5 Die Gemeinwohlökonomie

Die Gemeinwohlökonomie wurde von einer Gruppe von UnternehmerInnen rund um ATTAC Österreich auf der Basis des Buches von Christian Felber „Neue Werte für die Wirtschaft" erarbeitet. Die wesentlichen Merkmale der Gemeinwohlökonomie sind (Verein für Gemeinwohlökonomie, 2018):

1) Die Gemeinwohl-Ökonomie ist der Aufbruch zu einer ethischen Marktwirtschaft, deren Ziel nicht die Vermehrung von Geldkapital ist, sondern das gute Leben für alle.
2) Sie setzt die Menschenwürde, die Menschenrechte und die ökologische Verantwortung als Gemeinwohlwerte auch in der Wirtschaft um.
3) Wie diese Werte im unternehmerischen Alltag gelebt werden können, zeigt die Gemeinwohl-Matrix. Sie wird laufend weiterentwickelt und soll demokratisch entschieden werden.
4) Anhand der Matrix erstellen die Unternehmen eine Gemeinwohl-Bilanz. Im Gemeinwohl-Bericht erklären sie die Umsetzung der Gemeinwohlwerte sowie ihr Entwicklungspotential und nehmen eine Bewertung vor. Bericht und Bilanz werden extern überprüft und veröffentlicht. Damit werden die Leistungen für das Gemeinwohl bekannt gemacht.
5) Gesellschaftliche Unterstützung erfahren Gemeinwohl-Unternehmen zunächst am Markt durch VerbraucherInnen, KooperationspartnerInnen und gemeinwohlorientierte GeldgeberInnen.
6) Als Ausgleich für überdurchschnittliche Leistungen zum Gemeinwohl sollen Gemeinwohl-Unternehmen rechtliche Vorteile bei Steuern, Krediten und öffentlichen Aufträgen sowie im internationalen Handel erhalten.
7) Unternehmensgewinne dienen der Stärkung der Unternehmen sowie der Einkommenserzielung und der Alterssicherung der Unter-

nehmerInnen und der Beschäftigten, nicht aber der Vermögensvermehrung externer KapitalgeberInnen. So gelangen die UnternehmerInnen zu Freiräumen für gemeinwohlorientiertes Wirtschaften, frei vom Druck zu größtmöglicher Kapitalrendite.

8) Dadurch schwindet der Drang zum Wirtschaftswachstum. Es öffnen sich Möglichkeiten für ein erfülltes Leben bei Erhalt unserer natürlichen Lebensgrundlagen. In der Arbeit können sich Wertschätzung und Fairness sowie Kreativität und Kooperation besser entfalten.
9) Mit der Begrenzung von Vermögensungleichheiten steigen die Chancen für die gleichberechtigte Teilhabe Aller am wirtschaftlichen und politischen Leben.
10) Die Gemeinwohl-Ökonomie-Bewegung lädt dazu ein, die Verwirklichung der genannten Werte in Wirtschaft und Gesellschaft mitzugestalten. Alle Ideen für eine zukunftsfähige Wirtschaftsordnung sollen in demokratischen Prozessen entwickelt, vom Souverän entschieden und in der Verfassung verankert werden.

2.5.1 Der Verein für Gemeinwohlökonomie

Der Verein für Gemeinwohlökonomie wurde im Juli 2017 in Wien gegründet. Mittlerweile unterstützen weltweit mehr als 2000 Unternehmen das Modell, über 400 haben eine Gemeinwohlbilanz erstellt. Die Gemeinwohlökonomie bezeichnet hierbei ein Wirtschaftsmodell, das auf gemeinwohlfördernden Werten aufgebaut ist. Sie soll als Veränderungshebel auf wirtschaftlicher, gesellschaftlicher und politischer Ebene dienen.

Die Gemeinwohl-Ökonomie ist nach Eigendefinition (Verein für Gemeinwohlökonomie, 2018):

- auf wirtschaftlicher Ebene eine lebbare, konkret umsetzbare Alternative für Unternehmen verschiedener Größen und Rechtsformen. Der Zweck des Wirtschaftens und die Bewertung von Unternehmenserfolg werden anhand gemeinwohlorientierter Werte definiert.
- auf politischer Ebene ein Motor für rechtliche Veränderung. Ziel des Engagements ist ein gutes Leben für alle Lebewesen und den Planeten, unterstützt durch ein gemeinwohl-orientiertes Wirt-

schaftssystem. Menschenwürde, Solidarität, ökologische Nachhaltigkeit, soziale Gerechtigkeit und demokratische Mitbestimmung sind dabei die zentralen Werte.
- auf gesellschaftlicher Ebene eine Initiative der Bewusstseinsbildung für Systemwandel, die auf dem gemeinsamen, wertschätzenden Tun möglichst vieler Menschen beruht. Die Bewegung gibt Hoffnung und Mut und sucht die Vernetzung mit anderen Initiativen.

Sie versteht sich als ergebnisoffener, partizipativer, lokal wachsender Prozess mit globaler Ausstrahlung – symbolisch dargestellt durch die Löwenzahn-Sämchen im Logo.

2.5.2 Die Gemeinwohlbilanz als Instrument zur Abbildung der sozialen und ökologischen Unternehmensaktivitäten

Die Analyse der unternehmerischen Wachstumstreiber hat gezeigt, dass sich das Management hauptsächlich auf finanzielle Kennzahlen stützt. Um als Unternehmen zukunftsfähig zu sein, sind jedoch neben der Bilanzierung von finanziellen Belangen auch die Auswirkungen der ökologischen und sozialen Dimensionen unternehmerischer Aktivität zu berücksichtigen. Letztere bestimmen gleichberechtigt den Unternehmenserfolg. Für die Operationalisierung eines sogenannten Triple-Bottom-Line Accounting (vgl. Elkington, 1998, 69) gibt es verschiedene Konzepte wie beispielsweise die Gemeinwohlbilanzierung (Posse, 2015, 80).

Dabei ist vorauszuschicken, dass die gängige Literatur in Bezug auf das Thema Nachhaltigkeit nicht alle Stakeholdergruppen als gleich bedeutend bzw. fördernd einstuft. So werden Lieferanten und der Handel als selten fördernd für Nachhaltigkeitsaktivitäten eines Unternehmens gewertet. Konsumenten werden hingegen als fördernd eingestuft. Die gesamte Supply Chain wurde hinsichtlich der Forderung nachhaltigen Wirtschaftens noch nicht gleichwertig durchdrungen (Colsman, 2016, 29). In der Gemeinwohlbilanz werden dagegen Lieferanten als zentrale Instanz und Berührungsfelder für ein Unternehmen gewertet und in der Matrix entsprechend berücksichtigt.

2.5.2.1 Gemeinwohlmatrizen bis 4.0

Der Verein für Gemeinwohlökonomie hat die Gemeinwohlbilanz über mehrere Jahre weiterentwickelt. Das Ziel, nicht den Finanzgewinn, sondern den unternehmerischen Beitrag zur Mehrung des Gemeinwohls zu messen, wurde von Beginn an verfolgt. Die Versionen 1.0 bis 3.0 wurde von den ersten 60 Unternehmen zur Erstellung der Gemeinwohlbilanz genutzt. Sie beinhaltete 18 Kriterien, nach denen das Unternehmen bewertet wurde (Version 2.0 wies dagegen noch 50 Kriterien auf). Anfang 2013 wurde die Bilanz 4.0 herausgegeben (Handbuch Gemeinwohlbilanz, 2015, 15f).

2.5.2.2 Gemeinwohlmatrix 4.1

Ab Juli 2013 war die Matrixversion 4.1 in Verwendung, die vor allem eine Abschwächung der mathematischen Berechnungsmethode mit sich brachte. Sie misst den gemeinwohlorientierten Unternehmensbeitrag anhand von 17 Indikatoren. Dabei schneidet die Matrix Grund- und Verfassungswerte – Menschenwürde, Solidarität, ökologische Nachhaltigkeit, soziale Gerechtigkeit und Demokratie – mit den Stakeholdern[17] des Unternehmens: Mitarbeiter, Lieferanten, Kunden, Investoren, Natur und den einzelnen Mitgliedern der Gesellschaft als dem Souverän des demokratischen Staates (siehe auch Tabelle im Anhang).

Die 17 Indikatoren sind (Handbuch Gemeinwohlbilanz, 2015):

- A1: Ethisches Beschaffungsmanagement
- B1: Ethisches Finanzmanagement
- C1: Arbeitsplatzqualität und Gleichstellung
- C2: Gerechte Verteilung der Erwerbsarbeit
- C3: Förderung ökologischen Verhaltens der MitarbeiterInnen
- C4: Gerechte Verteilung des Einkommens
- C5: Innerbetriebliche Demokratie und Transparenz
- D1: Ethische Kundenbeziehung
- D2: Solidarität mit Mitunternehmen

17 In diesem Zusammenhang ist auch die „Mutter aller Stakeholder" zu erwähnen, der Planet Erde selbst, und die verschiedenen Beziehungen und Rückbeziehungen des Unternehmens zu diesem (Høgevold, Svensson, 2012, 145).

- D3: Ökologische Gestaltung der Produkte und Dienstleistungen
- D4: Soziale Gestaltung der Produkte und Dienstleistungen
- D5: Erhöhung der sozialen und ökologischen Branchenstandards
- E1: Sinn und gesellschaftliche Wirkung der Produkte/Dienstleistungen
- E2: Beitrag zum Gemeinwesen
- E3: Reduktion ökologischer Auswirkungen
- E4: Gemeinwohlorientierte Gewinnverteilung
- E5: Gesellschaftliche Transparenz und Mitbestimmung

Jeder Indikator wird in einen bis vier Subindikatoren mit den unterschiedlichen Relevanzstufen niedrig, mittel und hoch unterteilt. Jeder Subindikator beschreibt einen inhaltlichen oder organisatorischen Aspekt. Dabei soll die Frage beantwortet werden, inwieweit ein bestimmter Wert (z.B. ökologische Nachhaltigkeit) in Bezug auf einen bestimmten Stakeholder (z. B. die KundInnen) tatsächlich im Unternehmen gelebt wird. Die Bewertung eines Indikators und seiner Subindikatoren erfolgt dabei in vier Abstufungen: Erste Schritte (1-10 %), Fortgeschritten (11-30 %), Erfahren (31-60 %) und Vorbildlich (61-100%).

In Summe ergeben alle Kriterien maximal 1000 Punkte. Pro Kriterium können maximal 90 Gemeinwohlpunkte erreicht werden. Negativkriterien führen zu Punkteabzügen. Dabei wird berücksichtigt, dass manche extrem gemeinwohlschädigenden Verhaltensweisen derzeit rechtlich legal sind. Wer zum Beispiel die Menschenrechte oder ILO-Kernarbeitsnormen verletzt, feindliche Übernahmen durchführt, Atomstrom erzeugt, Gewinne in Steueroasen deklariert und dadurch Steuern minimiert, Saatgut gentechnisch manipuliert oder Großkraftwerke in ökologisch sensiblen Regionen baut, erhält zwischen 100 und 200 Minuspunkte.

Prinzipiell ist die Gemeinwohlbilanz für Unternehmen jeder Größe, Rechtsform und Branche anwendbar. Der Verein hat jedoch die Matrix weiterentwickelt, da Kompensationseffekte auftreten können, die kritisch hinterfragt werden. So können etwa ökologische Schäden durch zusätzliche soziale Maßnahmen aufgewogen werden (Handbuch Gemeinwohlbilanz, 2015, 7-19).

Die Auswertung der Unternehmensbefragung in Kapitel 4 fußt auf dem Handbuch zur Gemeinwohlmatrix 4.1, da die befragten Unternehmen ihre Bilanz nach diesem Standard erstellt haben.

2.5.2.3 Gemeinwohlmatrix 5.0

Im Jahr 2017 wurde die jüngste Version der Gemeinwohlmatrix als Handbuch für Unternehmen herausgegeben. Unternehmen, die schon einmal einen Gemeinwohl-Bericht auf Basis einer früheren Matrixversion erstellt haben, müssen nun berücksichtigen, dass einzelne Aspekte zu anderen Themen verschoben und neue Aspekte hinzugefügt wurden. Als Gründe dafür werden der vielfach geäußerte Wunsch nach mehr Klarheit und logischer Konsistenz sowie eine notwendige Anpassung an die EU-Richtlinie zur nichtfinanziellen Berichterstattung genannt. Wesentlich ist, dass kein Thema oder Aspekt verschwunden ist. Eine direkte Vergleichbarkeit der Berichte und Bewertungen mit früheren Versionen ist bei den betroffenen Themen und bei der Gemeinwohl-Punktezahl jedoch nicht möglich.

Die wichtigsten Adaptierungen der jüngsten Version sind (Matrix-Entwicklungsteam, 2017):

- Die Wertespalten Solidarität und soziale Gerechtigkeit wurden zusammengefasst, da es in der Vergangenheit immer wieder Abgrenzungsprobleme gab und beide Werte inhaltlich nah beieinanderliegen.
- Die alten Indikatoren A1 und B1 wurden analog zu den übrigen Berührungsgruppen auf jeweils vier Themen aufgespalten.
- Die Bezeichnungen von Indikatoren und Subindikatoren wurden an andere Standards angepasst und heißen nun Themen und Aspekte.
- Die Berührungsgruppe der EigentümerInnen wurde mit jener der GeldgeberInnen zusammengefasst, da hier größere Überlappung als mit jener der Mitarbeitenden besteht.
- Die Darstellung der Themen wurde vereinheitlicht, Bezeichnungen wurden an die neuen Inhalte angepasst.

- Definitionen für Werte und Berührungsgruppen wurden ergänzt, damit wurde klargestellt, wie diese Begriffe im Handbuch verwendet werden.
- Negativaspekte wurden den jeweiligen Themen zugeordnet.

Bezüglich der Verwendbarkeit und Handhabbarkeit der Bilanz selbst ist die Ansicht feststellbar, dass sie ein effektives und innovatives, jedoch auch aufwendiges Tool sei. Das externe Audit ermöglicht überdies wertvolles Feedback und die Evaluierung der eigenen Zielsetzungen. Die Bewegung der Gemeinwohlökonomie ermöglicht das Knüpfen von Kontakten und erleichtert die Beantwortung von Fragen. Aufgrund ständig wechselnder und sich weiter entwickelnder Handbücher für die Erstellung der Bilanzen seien jedoch intertemporale und zwischenbetriebliche Vergleiche nur schwer möglich (Wiemer, 2015, 98).

2.5.3 Kritik an der Gemeinwohlökonomie

Offe (2001) moniert die definitorische Inbesitznahme des Gemeinwohlbegriffs durch einzelne Vertreter im politischen Spektrum, die mit unverhohlen republikanischem Pathos „das“ Gemeinwohl propagieren und dadurch eine Eindeutigkeit suggerieren, die keinen Dissens duldet. Offe nimmt Rückgriff auf Ernst Wolfgang Böckenförde, wonach der freiheitliche Verfassungsstaat von der Grundlage einer bürgerlichen Gemeinwohlorientierung zehre, die er nicht selbst garantieren könne. Vielmehr sei dem Staat einzig möglich, politikrelevante moralische Ressourcen zu fördern. Diese kommen in der Zivilgesellschaft zur Entfaltung, indem sich deren Akteure in Eigenverantwortlichkeit und Subsidiarität gemeinschaftsdienlich und gemeinwohlsinnig verhalten und engagieren. Das Gemeinwohl käme in dieser Hinsicht nicht durch ethisch klug handelnde Führungspersonen von „oben“ zum Tragen, sondern würde ganz im Gegensatz an der Basis und in der Alltagspraxis von Bürgerinnen und Bürgern geschaffen. Wer mit dem „Gemeinwohl" hantiert, muss darüber hinaus gegen den Verdacht gerüstet sein, politische Definitionsmacht nur zur Erlangung eigener Vorteile oder für eine Praxis von Tugendterror und (rassistischer) Diskriminierung zu missbrauchen (Offe, 2001).

Aus konstitutionenökonomischer Sicht hat der Felber'sche Ansatz die folgenden Schwachstellen. Durch den Entfall des Wettbewerbs als motivatorische Größe würde Innovation ein Produkt der Planung sein und nicht mehr ein weitgehend ergebnisoffener Prozess industrieller Forschung. Durch das Aushebeln der „unsichtbaren Hand" würde auch die Innovationsfähigkeit ganzer Volkswirtschaften leiden. Zudem scheint die Messung von gemeinwohlförderndem Verhalten ebenso wie differenzierte Belohnungen für Unternehmen innerhalb des Steuersystems ungleich schwieriger als die Messung von Finanzgewinnen. Darüber hinaus würden umfangreiche Prüfungssysteme nicht selten Einfallstore für Rent-Seeking und Korruption sein (Leschke, 2015).

Niko Paech, seines Zeichens Postwachstumsökonom, gehen die Vorschläge der Gemeinwohlökonomie nicht weit genug. Er sieht in dem Modell eine an reinen Demokratie- und Verfassungsfragen ausgerichtete Neufassung des althergebrachten Wohlstandsmodells. Er bezweifelt, dass ein außer Kontrolle geratener Mobilitäts- und Konsumstil durch die Verpflichtung von Unternehmen auf ein eher diffuses Gemeinwohl eingehegt werden kann. Er ortet bei Felber den klassischen Fehler politisch links angesiedelter Gesellschaftsentwürfe: nämlich erstens die gerechtere Verteilung des Wohlstands auf dem Rücken der Ökologie auszutragen und zweitens die Rolle individueller Verantwortung unter einer Lawine von Systemzwängen zu verschütten (Paech, 2011, 72f).

Für Horst Müller erweist sich das Konzept der Gemeinwohlökonomie überhaupt als Irrweg, da in naiver Weise auf die gesellschaftliche Verantwortlichkeit von Unternehmern gebaut und der Sozialstaat als wesentliches Korrektiv für die vom System Ausgeschiedenen für obsolet erachtet wird. Es sei zu wenig, Werte als Leitsterne in einer ansonsten bürgerlich-konservativen Wirtschaftsordnung zu etablieren und sich davon eine markante Änderung der wirtschaftlichen Fehlentwicklungen zu erwarten. Vielmehr sei eine grundlegende Transformation weg vom kapitalistischen Verwertungszwang hin zu einer Rekonfigurierung der sozial- und nationalökonomischen Praxis erforderlich (Müller, 2011).

Die österreichische Wirtschaftskammer als institutionalisierte Vertretung der Unternehmenden hat ebenfalls kritisch zu den Grundzügen einer Gemeinwohlökonomie Stellung bezogen. Durch Felbers Ideen wären die hart erkämpften Ideale der Aufklärung und die Freiheit der Menschen, wechselseitig vorteilhafte Tauschgeschäfte einzugehen gefährdet. Denn zentrales Element einer Marktwirtschaft sei nun einmal der Wettbewerb. Dieser sei kein Selbstzweck, sondern ein Mittel, um die Kooperation (sic!) und die Besserstellung aller zu fördern. Kooperation erweist sich empirisch nicht nur als vorteilhaft für alle Beteiligten wie das Beispiel von kartellhaften Preisabsprachen zeige. Unser Wirtschaftssystem zeichne sich durch eine Kombination von Kooperation und Wettbewerb aus, was Felber gänzlich ausblende. Für die Wirtschaftskammer sind die Felber'schen Ideen keine Alternative, sondern nur marxistische und sozialistische Aufgüsse verpackt in neue Worthülsen. (Schmidpeter, 2012).

Der gesellschaftliche Sprengsatz einer zu einseitig definierten Sicht des Gemeinwohls – oder einer der Gesellschaft möglicherweise sogar aufgezwungenen Gemeinwohlorientierung – dürfte den Proponenten der Bewegung jedenfalls bewusst sein. Felber selbst schreibt, dass die Bedeutung des Gemeinwohls nur auf den drei Ebenen Investition, Unternehmen und Volkswirtschaft festgelegt werden soll (Felber, 2015, 39f).

Wobei Felber generell den Ausbau der basisdemokratischen Institutionen und Prozesse anstrebt. Beispielsweise durch Schaffung demokratischer Konvente, wie Wirtschafts-, Bildungs- oder Demokratiekonvent. Letzterer soll nicht weniger als die Spielregeln der Demokratie neu schreiben. Hier nimmt Felber Bezug auf die Wirtschafts- und Finanzkrise von 2008/09, die bei vielen Bürgern das Gefühl einer Sackgassen-Demokratie ausgelöst hat (Felber, 2015, 140ff).

Wird auf die in Deutschland häufig zitierte „There is no Alternative – TINA“ Politik im Gefolge der Finanzkrise Bezug genommen, so kann man sich des Eindrucks nicht erwehren, dass hier tatsächlich eine Sackgasse beschritten wurde, an deren Ende die demokratische Mitbestimmung nicht mehr vorhanden sein könnte. Dass die angesprochenen demokratischen Konvente dennoch mit dem Vorwurf des Legitimitätsproblems konfrontiert sein könnten, ist eine offensichtliche Folge der Notwendigkeit, dem Gemeinwohl letzten Endes auch praktische Relevanz, somit gesellschaftliche Wirkmacht zukommen zu lassen. Es wird daher an der Ausgestaltung der Konvente liegen, inwieweit diese zukünftig von der Gesellschaft als legitim erachtet werden.

Festzuhalten bleibt jedenfalls, dass die Gemeinwohlbewegung eine Erweiterung des gegenwärtigen Modells der repräsentativen Demokratie anstrebt und schon aus diesem Grund bei vielen Bürgerinnen und Bürgern auf Skepsis stoßen wird. Hier sei jedoch noch einmal auf Harald Welzer hingewiesen, der gesellschaftliche Transformationsprozesse eher von wenigen, dafür in allen gesellschaftlichen Schichten vertretenen Proponenten getragen und vorangetrieben begreift.

2.6 Der Business Case for Sustainability

Der Business Case für Nachhaltigkeit ist dadurch definiert, die Geschäftsrelevanz von Umwelt – und Sozialaspekten für das eigene Unternehmen systematisch zu identifizieren, zu analysieren und zu managen. In der konkreten Umsetzung muss jedes Unternehmen diese Relevanz für sich selbst definieren. Ein universelles Patentrezept ist dabei weder vorhanden noch erwünscht, denn gerade durch die individuelle Ausgestaltung des Nachhaltigkeitsmanagements erwachsen Chancen für Innovationen und Wettbewerbsvorteile (Schaltegger, Hasenmüller, 2005).

Unternehmerische Nachhaltigkeit erschöpft sich nicht in einer singulären Anstrengung, sondern bedeutet für das Management, viele verschiedene Aktivitäten zur gleichen Zeit zu setzen (Høgevold, Svensson, 2012, 149). Innovative Geschäftsideen auszuarbeiten und umzusetzen ist hierbei Teil des Gesamterfolges.

Die Frage, wie nachhaltigkeitsorientierte innovative Maßnahmen den ökonomischen Erfolg des Unternehmens im Sinne der Triple-Bottom-Line stärken können, bleibt dabei handlungsleitend.

2.6.1 Der Zeithorizont

Der Zusammenhang zwischen Corporate Social Performance (CSP) und Corporate Financial Performance (CFP) ist Gegenstand zahlreicher wissenschaftlicher Untersuchungen. Diese Studien ergeben das gleiche Resultat, dass kein ursächlicher Zusammenhang zwischen den beiden Ausprägungen der Performance existiert, es aber auch zumindest keine klare Evidenz eines negativen Zusammenhangs gibt (Busch, 2012, 7) CSP Activities könnten sich nur in manchen Fällen, in manchen Unternehmen oder in bestimmten zeitlichen Rahmenbedingungen auszahlen (Busch, 2012, 8).

Die den Zusammenhang untersuchenden Studien gehen dabei vor allem von einer kurzfristigen Perspektive aus, wie den Auswirkungen auf den Unternehmensgewinn im nächsten Jahr oder die Einschätzungen der Finanzmärkte kurze Zeit nach Durchführung einer Maßnahme. Diese Verkürzung der Perspektive könnte ein Grund für die mangelnde empirische Kausalität zwischen CSP und CFP darstellen. Der inverse Fall der Auswirkungen von nicht nachhaltigen Maßnahmen erfordert ebenfalls einen längeren Betrachtungshorizont, um den Zusammenhang evident werden zu lassen (Busch, 2012, 9).

Wang und Bansal (2012) sehen für junge Unternehmen den Zusammenhang zwischen CSP und CFP klarer, wenn eine Langfristorientierung in der Strategie festgemacht werden kann. Eine Langfristvariante führt demnach zur Erkenntnis und zur Umsetzung von CSR Aktivitäten wie z.B. die Entwicklung verantwortungsvoller Produkte, dauerhaftere Beziehungen zu Stakeholdern und reduziert die Ablenkung der Manager durch die Durchführung von CSR Aktivitäten. Kurzfristig orientierte Unternehmen dagegen laufen Gefahr, CSR Aktivitäten als taktische Maßnahme ohne fundierten Bezug zur langfristigen Unternehmensstrategie durchzuführen (Wang, Bansal, 2012, 1147f).

Die Herausforderung im aktuellen Managementgefüge ist der Wechsel von einer kurzfristigen (quartalsberichtsweise) profitorientierten Haltung hin zu einer langfristigen Wertschaffungsstrategie der Unternehmensaktivität (Busch, 2012).

Dieser Shift hin zu einer langfristigen Orientierung hat positive Auswirkungen auf den Geschäftserfolg der Unternehmung. Eine definitive Entscheidung des Managements, sich über die bloße Erfüllung der bestehenden Gesetze hinaus unternehmerisch zu engagieren, zahlt sich auf lange Sicht aus. Damit einher geht die Steigerung der Reputation im Markt und in der Gesellschaft. Eine eigenständige Langfristausrichtung des Business auf Nachhaltigkeit ist entscheidend für die Erarbeitung von Vorteilen am Markt (Høgevold, Svensson, 2012, 151).

„Wann zahlen sich gemeinwohlorientierte Aktivitäten aus?“ scheint die angemessenere Frage zu sein als das abschließende „Zahlt es sich aus?“

2.6.2 Triple-Bottom-Line Success

Die Bottom Line des Unternehmens ist es, Gewinne zu erzielen und so als Wirtschaftsunternehmen am Markt langfristig bestehen zu können (Felber, 2008, 224). Der Begriff der Triple-Bottom-Line erweitert den eindimensionalen - auf den ökonomischen Erfolg fixierten - Zugang zum unternehmerischen Handeln und rückt die ökologischen und sozialen Auswirkungen des Handelns der Führungskräfte und Mitarbeiter des Unternehmens in den Fokus. Nachhaltigkeit wird oftmals mit Öko-Effizienz gleichgesetzt. Dies ist jedoch ein verkürzter Ansatz auf dem Weg zu wirklicher unternehmerischer Nachhaltigkeit und lässt einige wichtige Kriterien außer Acht (Dyllik, Hockerts, 2002, 130).

Die wichtigste Erkenntnis auf dem Weg von der orthodoxen Managementtheorie, die sich allein auf den ökonomischen Erfolg des Unternehmens bezieht und kurzfristigen Erfolg verspricht, ist die Notwendigkeit der Einbeziehung des ökologischen und sozialen Kapitals. Alle drei Dimensionen des Triple-Bottom-Line Ansatzes sind miteinander verwoben und alle beeinflussen sich wechselseitig auf vielfache Weise (Dyllick, Hockerts, 2002, 132).

Dabei garantieren konventionelle ökonomisch nachhaltige Unternehmen einen jederzeit ausreichenden Cash-Flow für ausreichende Liquidität und einen dauerhaft über dem Durchschnitt liegenden Ertrag für ihre Shareholder (Dyllick, Hockerts, 2002, 133). Ökologische Aspekte spielen keine oder eine deutlich untergeordnete Rolle. Dagegen nutzen ökologisch nachhaltige Unternehmen natürliche Ressourcen nur unterhalb deren natürlichen Reproduktionsvermögens oder unterhalb der Rate der Entwicklung von Substituten. Sie verursachen keine Emissionen, welche in der Umwelt über das Maß der Fähigkeit der Umweltmedien zur Assimilation oder Absorption hinaus akkumulieren. Darüber hinaus unterhalten sie keine Aktivitäten, die zur Zerstörung von Ökosystemdienstleistungen führen (Dyllick, Hockerts, 2002, 133).

Dabei könnte besonders der Handel durch die Beachtung sozialer und ökologischer Auswahlkriterien in der Sortimentsgestaltung, die Zertifizierung von Lieferanten oder die kontinuierliche Information der Verbraucher über Produktionsprozesse und die Herkunft von Waren eine starke Position einnehmen (Colsman, 2016, 30).

Sozial nachhaltige Unternehmen wiederum tragen zu einer Wertsteigerung innerhalb der Gemeinschaft, in der sie operieren bei, indem sie das „Humankapital" der Individuen ebenso steigern wie das Sozialkapital der Gesellschaft. Sie managen das Sozialkapital in einer Weise, dass Stakeholder die Motivation für einzelne Handlungen ebenso weitestgehend verstehen wie das gesamte Wertegefüge des betreffenden Unternehmens (Dyllick, Hockerts, 2002, 134).

2.6.3 Formen des Corporate Sustainability Managements

Ökologisch und sozial nachhaltig agierende Unternehmen können der Motivation nach grundsätzlich in drei Kategorien unterteilt werden:

- Aufgrund von gesetzlichen Zwängen Operierende (Gezwungene),
- ethisch und philanthropisch normativ Angetriebene (Normative),
- ökonomischen Erfolg durch instrumentelle Einbeziehung von ökologischen und sozialen Faktoren Suchende (Instrumentelle).

In der ersten Kategorie versucht das Management lediglich, den gesetzlichen Vorgaben Genüge zu tun und verringert nur aufgrund dieser adaptiven Leistung an die Rahmenvorgaben ihren negativen ökologischen und sozialen Einfluss. Der Zweck des Unternehmens bleibt auf die Maximierung der Renditen gerichtet. Die Internalisierung externer Effekte zur Behebung von Marktversagen wird als staatliche Aufgabe interpretiert. So kann der externe Effekt des Klimawandels durch die (über-)staatliche Einführung des Emissionshandels in die Preisbildung internalisiert werden, was zu einer Reduktion der den Klimawandel verursachenden Treibhausgasemissionen führt. Dies ist jedoch eine Aufgabe der Politik, welche den Rahmen des Emissionshandelsgesetzes vorgibt.[18]

18 So handeln große Industrieemittenten sowie die (fossile) Energiewirtschaft innerhalb der EU seit 1.1.2005 mit Emissionszertifikaten, mit welchen die Erlaubnis

In der normativen Kategorie ist das Management von grundsätzlichen ethischen und philanthropisch orientierten Überlegungen geleitet. Diese werden ohne Rücksichtnahmen auf die ökonomischen Auswirkungen verfolgt. In diesem Ansatz wird vom Management erwartet, dass es freiwillig Maßnahmen setzt, welche keinen Profit generieren, vorausgesetzt, diese haben einen positiven Effekt auf die Gesellschaft.

Die dritte Kategorie zeichnet sich durch Maßnahmen aus, die bewusst Profit erzielen will auf der Basis von ökologischen und sozialen Benefit generierendem Verhalten. Die Einbeziehung des ökonomischen Erfolgs ist das wesentliche Unterscheidungsmerkmal zum normativen Ansatz. Das Management setzt dabei u.a. auf Maßnahmen zur Steigerung der Unternehmenserträge, Verbesserung der Kundenbeziehung, Stakeholder-Management zur Verbesserung der eigenen Positionen an den relevanten Märkten oder die Gewinnung von nachhaltigen Aspekten verpflichteten Konsumenten (Busch, 2012, 6).

Obwohl die Gemeinwohlökonomie aufgrund ihrer stark wertorientierten Haltung wohl zunächst der normativen Motivationssphäre zugerechnet werden kann, wird jeder Unternehmer, der am langfristigen Fortbestand seines – womöglich von ihm selbst gegründeten und aufgebauten – Unternehmens Interesse hat, Gewinnerzielungsabsichten verfolgen. In der Konsequenz würde die Gemeinwohlökonomie als von Unternehmern maßgeblich beeinflusste Form der Corporate Social Responsibility in der Mitte zwischen normativen und instrumentellen Ansätzen des Sustainability Managements anzusiedeln sein (vgl. auch Kap. 4.4).

Diese pragmatische Einschätzung entspricht auch dem Grundsatz, dass nachhaltige Entwicklung nicht allein durch philanthropische und korrektive Maßnahmen erreicht werden kann, wenn gleichzeitig die Geschäftsmodelle, Produktionsprozesse und Produkte unverändert bleiben. Es ist vielmehr darum zu tun, die Wertschöpfungsprozesse ökologischer und sozialer aufzusetzen (Beckmann, Schaltegger, 2014, 333).

---

zum Ausstoß von Treibhausgasen wie Kohlendioxid, Methan und Lachgas erworben wird.

Die traditionelle Sicht des orthodoxen Managements vertritt lediglich die Möglichkeit eines Trade Offs zwischen ökonomischem Erfolg und sozialem bzw. ökologischem Engagement (Schaltegger, 2012, 99).

Dagegen sind Win-Win bzw. Triple-Win-Erfolge erzielbar. Die Herausforderung, welche sich individuellen Unternehmen stellt, liegt in der Suche nach neuen Formen der Zusammenarbeit mit Kunden, Vorlieferanten und auch den Konkurrenten (Elkington, 1994, 99). Bei Elkington zeichnet sich die gedankliche Vorwegnahme einer auf die Steigerung des Gemeinwohls abzielenden Ökonomie bereits ab.

Die Verbindung von klassischem Nachhaltigkeitsmanagement bzw. Innovationen des Geschäftsmodells mit der Identifizierung von Business Cases for Sustainability passiert dort, wo die Suche nach ergebnissteigernden Sozial- oder Umweltaktivitäten mit dem klassischen Kerngeschäft verschmolzen wird (Porter, Kramer, 2011).

Elkington bezeichnet das Geschäftsmodell sogar als die DNA des Business, welche die Geschäftsstrategie und die operativen Ergebnisse des unternehmerischen Handelns beeinflusst (Schaltegger et al., 2012, 105).

In diesem Sinne finden sich ökologische und soziale Entrepreneure, die durchaus eine Gewinnorientierung mit den ökologischen bzw. sozialen Zielen verbinden. Diese nachhaltigen Entrepreneure zielen mit ihren Angeboten entweder auf einen Nischenmarkt oder auf einen Massenmarkt. Dabei werden die ökonomischen Ziele trotz oder gerade wegen der Verankerung von ökologischen bzw. sozialen Zielen erreicht – im Sinne eines Business Case für Nachhaltigkeit (Ahrend, 2016, 229). Eine Abgrenzung nicht-profitorientierter sozialer und ökologischer Unternehmer (im Sinne normativer Motivation) zu jenen mit Gewinnerzielungsabsichten (instrumentelle Motivation) stellt Abbildung 4 dar.

Die Unternehmen der Gemeinwohlökonomie lassen sich nach dieser Unterteilung wohl am zutreffendsten als sowohl ökologisch als auch sozial ausgerichtet der gewinnorientierten Kategorie mit Fokus auf einen Nischenmarkt zuordnen.

Gewinnorientierung ↑	Ökologische Ausrichtung	Soziale Ausrichtung
	Fokus auf Massenmarkt **Ökologische Entrepreneure** Fokus auf Nischenmarkt	Fokus auf Massenmarkt **Soziale Entrepreneure** Fokus auf Nischenmarkt
	NPOs mit einem Beitrag zur Lösung ökologischer Probleme	**NPOs mit einem Beitrag zur Lösung gesellschaftlicher Probleme**

Abbildung 4 Wirtschaftliche Ausrichtung nachhaltiger Geschäftsmodelle (Ahrend, 2016, 230)

Der entscheidende Faktor, um auch in Gemeinwohlunternehmen Business Cases for Sustainability identifizieren zu können, liegt nun möglicherweise darin, das Geschäftsmodell des Unternehmens entweder schrittweise oder radikal zu ändern (Schaltegger, 2012, 106). Dabei sind Innovationen des Geschäftsmodells weitaus wichtiger als Prozess- oder Produktinnovationen, welch letztere lediglich in der kurzen Frist Vorteile für das Unternehmen zeitigen (Schaltegger, 2012, 108).

Strategische Ziele und Maßnahmen des Managements und in der Konsequenz die Ausrichtung des Geschäftsmodells müssen auf die Triple-Bottom-Line hin orientiert werden (Elkington, 1998; Norman and MacDonald, 2004).

Ahrend (2016, 271) weist darauf hin, dass eine wichtige Erfolgsvoraussetzung gerade auch für der Nachhaltigkeit verpflichtete Unternehmer das Vorliegen eines Business Cases für das nachhaltige Geschäftsmodell ist.

Das Interesse an nachhaltigen (sozialen) Geschäftsmodellen steigt dabei aus verschiedenen Gründen: Menschen verfolgen instinktiv das Ziel, die Lebensumstände nicht nur für sich selbst, sondern auch für ihre Mitmenschen erträglicher zu gestalten; nachhaltig (sozial) agierende Unternehmen befinden sich nicht im Wettbewerb gegeneinander, sondern teilen Erfahrungen miteinander; zudem können in multinational agierenden Unternehmen positive Auswirkungen von (sozial) nachhaltigen Geschäftsmodellen auf die Unternehmensreputation und die Arbeitgeberattraktivität festgestellt werden (Yunus et al., 2010, 319).

Die Aussagen der letzten Absätze lenken nun schlaglichtartig den Fokus auf die Bedeutung des Geschäftsmodells für ein Unternehmen, welches die Grundlage und die Rahmenordnung für sämtliche Aktivitäten bildet. In dieser Arbeit liegt der Fokus jedoch eindeutig bei den Business Cases for Sustainability. Die explizite Behandlung der Bedeutung des Geschäftsmodells würde hier deutlich den Rahmen sprengen. Nach Ahrend können jedoch die BCfS als Grundvoraussetzung für die Etablierung eines nachhaltigen Geschäftsmodells betrachtet werden. Insofern würde sich eine an die vorliegende Arbeit anschließende Untersuchung wohl mit der Etablierung nachhaltiger Geschäftsmodelle auseinanderzusetzen haben.

2.6.4 Business Cases for Sustainability

2.6.4.1 Definition (in Abgrenzung zum Business Case *of* Sustainability)

Der Business Case for Sustainability ist durch eine intelligente Kombination von freiwilligen sozialen und ökologischen Maßnahmen zur Erzielung von ökonomischem Erfolg charakterisiert. Er ist durch drei Eigenschaften gekennzeichnet.

- Ein über gesetzliche Vorschriften oder konventionelles Tagesgeschäft hinausgehendes Engagement des Unternehmens zur Lösung von sozialen oder ökologischen Problemlagen.
- Das Engagement muss einen positiven Beitrag zum Unternehmenserfolg leisten und in überzeugender Weise mess- und nachvollziehbar sein (z. B. erhöhte Kundenreputation, Kosteneinsparungen, erhöhte Wettbewerbsfähigkeit, Absatzsteigerungen.
- Eine profunde Argumentation der kausalen Verbindung zwischen den freiwillig durchgeführten sozialen oder ökologischen Maßnah-

men und deren Effekte auf den unternehmerischen bzw. den Nachhaltigkeitserfolg.

Im Unterschied dazu sucht der Business Case *of* Sustainability, der auch als „enlightened self interest“[19] bezeichnet wird, ökonomischen Erfolg, der mit ökologischem und sozialem (parallel zum ökonomischen) Erfolg einhergeht (Beckmann, Schaltegger, 2014, 332).

Ein Business Case for Sustainability rührt dagegen von einem intelligenten Design freiwilliger oder beinahe vollständig freiwilliger Maßnahmen sozialer oder ökologischer Natur her, der zu einem positiven Geschäftserfolg führt und auf klar benennbaren und abgrenzbaren Aktivitäten des Managements basiert (Schaltegger et al., 2012, 98). Er stellt damit die mentale und organisatorische Umkehrung zum Business Case *of* Sustainability dar.

Die Herausforderung für das Management besteht demnach darin, jene ökologischen und sozialen Maßnahmen zu identifizieren, die den höchsten ökonomischen Nutzen bringen, und diese Maßnahmen kosteneffizient umzusetzen (Schaltegger, Hasenmüller, 2005, 7).

Die unten stehende Abbildung veranschaulicht darüber hinaus den Zusammenhang zwischen dem ökonomischen, dem ökologischen und dem sozialen Element (Triple-Bottom-Line) und die wechselseitigen Beziehungen, die zu einem BCfS beitragen.

Wird die Dimension des Business Case betrachtet, dann bezieht sich die Ökoeffizienz auf die Wertschöpfung des Unternehmens in Relation zu seinen aggregierten ökologischen Auswirkungen. Sie wird erreicht durch die Bereitstellung von kompetitiv bepreisten Gütern und Dienstleistungen, welche menschliche Bedürfnisse befriedigen, bei gleichzeitiger Reduktion der ökologischen Auswirkungen und Ressourcenintensität über den gesamten Produktlebenszyklus unter die ökologische Tragfähigkeit der Erde. Die Sozioeffizienz wiederum beschreibt den Zusammenhang zwischen der unternehmerischen Wertschöpfung und den Auswirkungen auf die sozialen Aspekte. Diese

19 In Anlehnung an die Ausführungen in Kapitel 2.4.2 würde ein „enlivened self interest“ nicht nur auf rationaler Basis ökologische und soziale Ziele verfolgen, sondern auch aus einer emotionalen Ergriffenheit oder tiefem Mitgefühl für die Umwelt und die Mitmenschen. Das Subjekt würde aus lebendigem Selbstinteresse andere Subjekte unterstützen, fördern, aufbauen, schützen, weil es ein vitales Verbundensein fühlt.

Auswirkungen können sowohl positive wie negative Vorzeichen annehmen. Es geht im unternehmerischen Handeln darum, die negativen Effekte (z.B. Arbeitsunfälle, Menschenrechtsverletzungen) zu reduzieren und/oder positive Effekte (z.B. Schaffung von Arbeitsplätzen) zu steigern. Im Ergebnis wirken die Öko- wie die Sozioeffizienz in Richtung gesteigerter ökonomischer Nachhaltigkeit (Dyllick, Hockerts, 2002, 136).

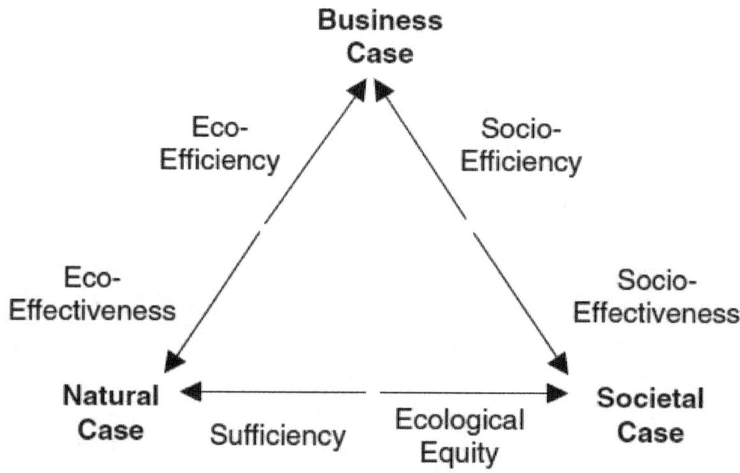

Abbildung 5 Überblick über die sechs Kriterien der unternehmerischen Nachhaltigkeit (Dyllick, Hockerts, 2002, 138)

Die ökologische Dimension (Natural Case) wird durch die beiden Kriterien Öko-Effektivität und Suffizienz beschrieben. Öko-Effektivität berücksichtigt den Umstand, dass gesteigerte Ressourcenproduktivität trotzdem in weltweitem Maßstab zu einer Überschreitung der global verfügbaren Ressourcen und deren immer schnellerer Erschöpfung führt. So sank zwar durch Effizienzgewinne der durchschnittliche Verbrauch von Automobilen über die Jahrzehnte kontinuierlich, die Fahrleistungen sowie die Zahl der Fahrzeuge nahmen jedoch zu, sodass der Gesamttreibstoffverbrauch in die Höhe schnellte. Öko-Effektivität hätte dagegen die absolute Senkung des Treibstoffverbrauchs zum Ziel.

Die Bedeutung des Kriteriums Suffizienz geht klar aus den individuellen Konsumentenentscheidungen hervor. Steigerungen im relativen Verbrauch von Motoren wurden durch den Kauf immer größerer und leistungsstärkerer PKWs zunichte gemacht. Die Gesellschaft muss also durch Suffizienz ihrer ökologischen Verantwortung gerecht werden. Dieses Kriterium wird daher auch von vielen Autoren als nicht in der Sphäre von Unternehmen gelegen erachtet (Dyllick, Hockerts, 2002, 137).

Die Dimension des Social Case wird einerseits durch die Sozio-Effektivität beschrieben. Hier wird das Unternehmensverhalten nicht in seinen relativen Erfolgen gemessen, sondern in seinem absoluten positiven sozialen Beitrag, den ein Unternehmen vernünftigerweise beisteuern hätte können. Als Negativbeispiel kann die Pharmaindustrie erwähnt werden, die es verabsäumt, ihre Produkte armen Ländern zugänglich zu machen. Das ökologische Kapital andererseits wird durch die intergenerationelle Chancengleichheit verdeutlicht. Heutige Generationen verbrauchen Naturkapital in einer Weise, welche die Schäden dieser Ausbeutung den künftigen Generationen hinterlässt (Dyllick, Hockerts, 2002, 138).

Der BCfS kann als zweidimensionale Herausforderung interpretiert werden, bei der einerseits die ökologische und sozial-gesellschaftliche Performance einerseits, aber auch der ökonomische Erfolg des Unternehmens andererseits gesteigert werden sollen. Eine Werthaltigkeit im Sinne der Triple-Bottom-Line, welche durch die jeweiligen unternehmerischen Aktivitäten erreicht wird. Die Herausforderung besteht dabei darin, die Kombination aus ökologischen und sozial-gesellschaftlichen Maßnahmen so zu wählen, dass für das Unternehmen tatsächlich ein wirtschaftlicher Erfolg verzeichnet werden kann.

Das unten stehende Schaubild veranschaulicht den Zusammenhang. Ausgehend von einem Profit der Unternehmung P_0 kann das Unternehmen nun zusätzliche Aktivitäten im Umwelt- bzw. Sozialbereich tätigen. Bei entsprechenden Tätigkeiten wird mit zunehmenden Aktivitäten auch der ökonomische Erfolg wachsen. Dies geschieht jedoch nicht unbegrenzt, da vorstellbar ist, dass das Unternehmen immer weiter Maßnahmen setzt, die jedoch den Gewinn nicht mehr steigern, sondern sogar schmälern. Die schraffierte Fläche bildet somit die im Sinne der Triple-Bottom-Line erfolgreichen Maßnahmenkombinationen des Unternehmens ab. Diese Maßnahmen sind daher im Sinne des BCfS zu identifizieren, zu analysieren und umzusetzen. Denkbar wäre auch, dass zusätzliche Aktivitäten ökologischer und sozialer Natur den Gewinn nicht erhöhen, sondern senken (punktierte Linie in der Abbildung). Die negativen Auswirkungen auf die Gewinnsituation verstärken sich mit jeder Zunahme entsprechender öko-sozialer Maßnahmen des Unternehmens. Diese Maßnahmen stellen jedoch keinen BCfS dar. Nichtsdestotrotz wird die Haltung der prinzipiellen Unmöglichkeit von BCfS von einigen Forschern vertreten. (Schaltegger, Burritt, 2005).

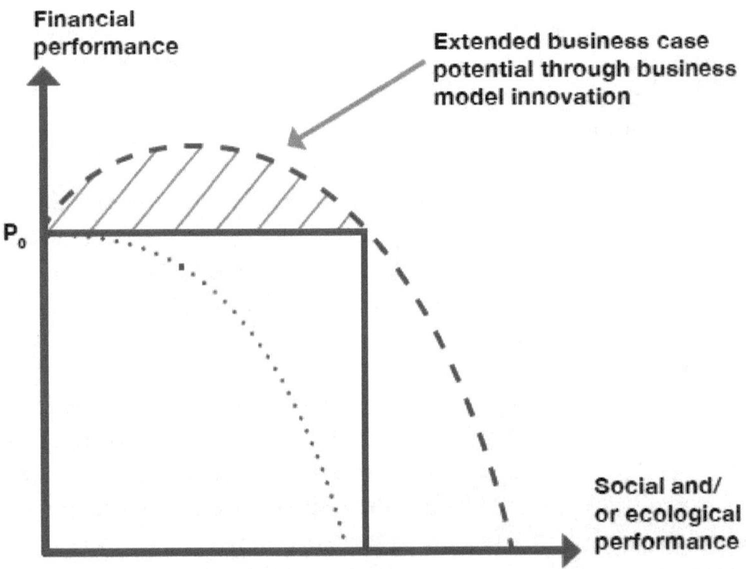

Abbildung 6 Potenzielle Zusammenhänge zwischen ökonomischem Erfolg und öko-sozialen Maßnahmen (Schaltegger, Burritt, 2005)

Der BCfS ist in dieser Hinsicht eine Win-Win Situation, bei der externe Nutzen von Produkten oder Dienstleistungen in private Nutzen bzw. Erträge übergeführt (internalisiert) werden müssen. Unternehmen müssen Werte so konfigurieren, dass privater und öffentlicher Nutzen verbunden wird (Lüdeke, 2009, 48).

Auf Kundenseite impliziert der BCfS eine ausreichend hohe Nachfrage, welche für das Unternehmen die Basis für profitable Nachhaltigkeitsinnovationen legt. Damit einher geht eine ausreichend hohe Zahlungswilligkeit der Konsumenten (Schaltegger, Wagner, 2011, 12).

In diesem Sinne sind Unternehmen dazu aufgefordert, zusätzliche attraktive Vorteile für zahlungswillige Konsumenten anzubieten. Diese Vorteile können mit Gesundheitsvorsorge, Status, Kosteneinsparungen, ethischer Einstellung etc. assoziiert werden (Petersen, 2006, 401).

Method Inc. produziert umweltfreundliche Reinigungsprodukte, die in einem gesättigten Markt, der auf Größenvorteile in der Produktion und niedrige Herstellungskosten fixiert ist, den Kundenbedürfnissen exakt entspricht (Schaltegger, Wagner, 2011, 12).

In Fällen, in denen kein BCfS vorliegt, jedoch hoher sozialer Benefit zu erwarten ist, kann durch staatliches Eingreifen ein Marktversagen beendet werden. Die fixen Einspeisetarife im Zuge des Erneuerbare-Energien-Gesetzes stehen beispielhaft für ein solches ordnungspolitisches Eingreifen (Schaltegger, Wagner, 2011, 16).

Hockerts (2015) untersuchte den Zusammenhang zwischen dem kognitiven Zugang der Manager zum BCfS und dem wahrgenommenen Grad der Corporate Sustainability Performance (CFP).

Er leitet vier Diskussionsvorschläge aus seinen Untersuchungen ab:

- Manager in Unternehmen mit einer höheren wahrgenommenen Nachhaltigkeitsleistung tendieren zu differenzierteren mentalen Modellen wenn es um den Business Case für Sustainability geht.
- Manager in Unternehmen mit einer höheren wahrgenommenen Nachhaltigkeitsleistung tendieren zu stärker integrierten kognitiven Denkmodellen im Zusammenhang mit dem Business Case für Sustainability.
- Kognitive Modelle des Business Case für Sustainability enthalten tendenziell mehr Verbindungen in Bezug auf risiko- und effizienzorientierte Kategorien als hinsichtlich Markenreputation oder neue Märkte/Umsatz.
- Mit erhöhter wahrgenommener Corporate Sustainability Performance, werden die kognitiven mentalen Modelle von Managern in

Bezug auf Risikoreduktion weniger integriert (Hockerts, 2015, 116f).

Die Frage nach den Ansatzpunkten (Treibern), um den BCfS im eigenen Unternehmen zu verwirklichen wird im nächsten Kapitel thematisiert.

2.6.4.2 Treiber des Business Case for Sustainability

In der Praxis lassen sich verschiedene Erfolgsfaktoren, sogenannte Treiber für den Business Case identifizieren (Schaltegger et al., 2012):

- Effizienzsteigerung bzw. Kostenreduktion
- Reduktion von (Unternehmens-)Risiken
- Umsatz- und Margensteigerung
- Steigerung der Unternehmensreputation und des Markenwertes
- Anziehungskraft auf (potenzielle) Mitarbeiter
- Innovationsfähigkeit

Diese Treiber sind Variable, welche den ökonomischen Erfolg des Unternehmens beeinflussen. Von daher können sie als Erfolgsfaktoren bezeichnet werden.

Als Kategorien des Treibers „Reduktion von Risiken“ können Unfallrisiken, das Risiko von Rechtsstreitigkeiten, regulatorische Risiken, das Risiko von Kampagnen gegen das Unternehmen oder der Entzug der Betriebserlaubnis genannt werden. Zur Verdeutlichung des Treibers „Steigerung des Markenwertes“ dienen Kriterien wie Premium-Preise, Kundenakquisition und Kundenbindung sowie Kaufkraftanteile am Kundenbudget (Hockerts, 2015, 104f).

Dabei werden als die wichtigsten Treiber Effizienz, Risikobeherrschung und Mitarbeitermotivation, mit nur geringem Abstand gefolgt von Reputation, genannt. Die zugehörigen Maßnahmen „ressourceneffizient produzieren“, „ökologisch-gesellschaftlich orientiertes Risikomanagement“, „Fördern der Mitarbeitermotivation“ und „Umwelt- bzw. Sozialmaßnahmen kommunizieren“ sind diejenigen, die am häufigsten durchgeführt werden. Als weniger wichtig werden Treiber wie Innovation, Kosten und Umsatz angesehen. Die zugehörigen Maßnahmen „Entwickeln neuer Bereiche mit Nachhaltigkeitsbezug“, „nachhaltiges Kostenmanagement“ sowie „Bewerben von umwelt- oder sozial orientierten Produkten“ werden daher seltener umgesetzt (Colsman, 2016, 23).

In diesem Zusammenhang ist aufschlussreich, dass z.B. Tesla sinkende Verkaufspreise für seine Elektrofahrzeuge als strategischen Business Case Treiber definiert. Durch sinkende Verkaufspreise wird eine steigende Zahl von Konsumenten in die Lage versetzt, die Produkte von Tesla zu kaufen und dadurch die fossil getriebenen Fahrzeuge mehr und mehr zu ersetzen. Weiter steigende Wettbewerbsfähigkeit bis hin zur Kostenführerschaft, eine herausragende Stellung als Technologieentwickler und Innovator sind weitere Treiber, die von Tesla als entscheidend für die Unternehmensentwicklung gesehen werden. Andererseits gewärtigen Energieversorger in Deutschland große Herausforderungen, um ihr Geschäftsmodell, welches auf eine Versorgungsinfrastruktur im Großmaßstab ausgerichtet ist, an die Energiewende mit ihren überwiegend dezentralen Erzeugungs- und Verteilungsstrukturen anzupassen. Photovoltaik-Anlagen werden häufig als Kleinanlagen auf Wohngebäuden errichtet, wofür die Energieversorger in ihren Geschäftsprozessen noch wenig ausgerichtet sind. (Lüdeke-Freund et al., 2016, 28).

Eine Befragung von 64 Unternehmen, welche im Nachhaltigkeitssektor eine führende Position beziehen, ergab für den Treiber Unternehmensreputation und Glaubwürdigkeit den wesentlichsten Einflussfaktor für den Wettbewerbserfolg (Petersen, 2006, 405). Reputation fußt dabei auf folgenden Faktoren (Petersen, 2006, 410):

- Glaubwürdigkeit
- Vertrauen in das Unternehmen
- die ökologische Qualität in der Lieferkette
- Markennamen
- die persönliche Reputation eines bekannten Unternehmers

Die aufgeführten Treiber zu analysieren und die maßgeblichen Schlussfolgerungen zu ziehen und umzusetzen, ist für Unternehmen die wesentliche Herausforderung, um den Erfolg im Sinne der Triple-Bottom-Line erreichen zu können.

Ein Business Case for Sustainability kommt dabei nicht von allein, er muss geschaffen und gemanagt werden (Schaltegger, 2012, 99). Theorie und Praxis zeigen, dass alle Unternehmen Business Cases for

Sustainability generieren könnten, aber dieses Potenzial aufgrund verzerrter Buchhaltungs- und Managementsysteme nicht gehoben wird (Lüdeke-Freund et al., 2016, 20).

Das Konzept des Business Case for Sustainability findet sich in der Literatur auch bei Porter und Kramer (2011, 2012), welche den „Shared Value" propagieren. Im Unterschied zu CSR ist der Shared Value Ansatz umfassender, denn gerade der Einsatz für ökologische und gesellschaftliche Probleme diene den Interessen des Unternehmens. Der Shared Value Ansatz zeichnet sich wie der BCfS durch folgende Attribute aus (Porter, Kramer, 2012, 141):

- Langfristige Ausrichtung.
- Glaube an die wechselseitige Abhängigkeit von Wirtschaft und Gesellschaft.
- Die Meinung, dass Unternehmen gesellschaftlichen Mehrwert schaffen können und sollen.

In der Berichterstattung kommt es zukünftig weniger auf das „Was?" an, als vielmehr auf die Erweiterung hin zu einem „Was nun?", bei dem sich Einsichten entfalten und aus den Ergebnissen gelernt wird. An den Stellen, die bereits Früchte tragen wird verstärkt angesetzt, in anderen, weniger erfolgreichen Bereichen wird korrigiert (Porter, Kramer, 2012, 149).

Indem nun Treiber eines BCfS gezielt angesprochen werden, lässt sich der Unternehmenserfolg steigern. Oft werden von Unternehmen vor allem Nachhaltigkeitsmaßnahmen durchgeführt, die der Effizienzsteigerung, Risikobeherrschung, Mitarbeitermotivation und Reputation dienen. Dies stellt einen erheblichen Unterschied zu den in der Vergangenheit in der Literatur stark betonten Faktoren Kosten und Umsatz dar. Die Treiber „Mitarbeitermotivation" und „Reputation" betreffen das Bild des Unternehmens sowohl in der Innen- als auch in der Außenwahrnehmung. Diese Treiber anzusprechen kann das Anwerben und Halten von qualifizierten Beschäftigten erleichtern, die Produktivität steigern, die gesellschaftliche Anerkennung verbessern und bei der Investorensuche helfen (Colsman, 2016, 35).

3 Untersuchungsdesign/Methodik

3.1 Allgemeine Beschreibung des Untersuchungsdesigns – Qualitative Forschung

Im empirischen Teil der Arbeit soll untersucht werden, ob und wenn ja wie die Erstellung einer Gemeinwohlbilanz zur Schaffung von BCfS beitragen kann. Hierzu werden ausgewählte Unternehmen der Gemeinwohlökonomie mittels Experteninterview auf Basis eines Interviewleitfadens befragt. Die gewählte Untersuchungsmethode lässt sich der qualitativen Forschung zuordnen.

Die qualitative Forschung setzt bei der Erkenntnis an, dass eine vollkommene Ausschaltung der Subjektivität des Forschenden nicht möglich ist und diese Subjektivität auch eine wichtige Forschungsressource darstellt – ohne ein Grundverständnis von der Gesellschaft zu haben, ist es nicht möglich, die Vorgänge innerhalb dieser Gesellschaft zu verstehen. Die Befragung ist hierbei als Königsweg der empirischen Sozialforschung zu werten, insofern, als sie die in der Forschungspraxis am häufigsten zur Anwendung gelangte Methode darstellt (Baur, Blasius, 2014, 45f).

Der Forschende ist selbst Teil der Gesellschaft, die er untersucht, daher argumentiert der Forschende aus seiner spezifischen Sicht heraus, und er überträgt die eigenen (Vor-)urteile in den Forschungsprozess. Auch der Untersuchungsgegenstand selbst ist zeitlich nicht homogen, er verändert sich über die Zeit hinweg, so wie sich auch die Gesellschaft über die Zeit wandelt. Von daher verändern sich auch die Fragen, die an den Forschungsgegenstand gestellt werden, im Zeitablauf. In der qualitativen Forschung sind Datenerhebung und Datenauswertung überdies oft zirkulär organisiert und miteinander verwoben, die Phasen der Datenauswahl, Datenerhebung und Datenanalyse wechseln sich iterativ mit Phasen der theoretischen Reflexion ab. (Baur, Blasius, 2014, 47).

Qualitative Forschung ist hierbei keine weiche Forschung, bei der es darum geht, möglichst nahe an den Aussagen der befragten Personen zu bleiben und bei der ein Generalisierungsanspruch von vornherein ausgeschlossen wird. Das Design qualitativer Forschung ist zirkulär, weil Formulierung der Fragestellung, Erhebung und Auswertung bis hin zu Generalisierung und Theoriebildung ineinandergreifen und nicht in sauber getrennten Schritten nacheinander abgearbeitet werden können (Przyborski, Wohlrab-Sahr, 2014, 118).

Im Rahmen qualitativer Forschung geht es letztlich darum, einen Sinnzusammenhang und die persönlichen, institutionellen oder situativen Mechanismen, die in ihm wirken, zu erfassen. Im Gegensatz hierzu erforschen standardisierte Untersuchungen, welcher Einflussfaktor ein bestimmtes Resultat erklärt (Przyborski, Wohlrab-Sahr, 2014, 120).

Also umgemünzt auf den hier untersuchten Gegenstand, aufgrund welcher persönlicher, unternehmerischer oder situativer Mechanismen ein sinnhafter Zusammenhang besteht, aufgrund dessen Unternehmenswerte in Gemeinwohlunternehmen in die Erstellung der Gemeinwohlbilanz einfließen und BCfS generieren.

Die Frage der Qualitätssicherung qualitativer Sozialforschung ist nicht abschließend zu beantworten. Es gibt keinen allgemein akzeptierten Kriteriensatz dafür, wie deren Qualität definiert werden kann. Sind erhobene Daten und gezogene Schlussfolgerungen ausreichend unabhängig von der konkreten Person, welche sie erhoben hat? Hierbei ist es erforderlich, methodenangemessene Kriterien für die Güte der qualitativen Forschung zu entwickeln, welche an die Stelle von Objektivität, Validität und Reliabilität (wie in der quantitativen Forschung) treten (Flick, 2014, 413).

Eine Möglichkeit, die Validität zu erhöhen, besteht in der kommunikativen Validierung, auch Member Checks oder Member Validation genannt. Dabei werden (Zwischen-) ergebnisse des Forschenden an einem bestimmten Punkt im Forschungsprozess an die Interviewpartner zurückgemeldet. Die Zustimmung oder Ablehnung der Interviewten zu den Ergebnissen wird dann als Ansatz zur Validierung der Resultate gesehen. Damit jedoch die Gültigkeit von Ergebnissen bestätigt oder zurückgewiesen werden kann, müsste die entscheidende Frage gelöst werden: Wie viel Zustimmung bzw. Zustimmung von wie vielen

Beteiligten ist notwendig, um sagen zu können, eine Aussage sei valide? Generell ist die Aussage zu treffen, dass die Formulierung von Standards die Gefahr der Standardisierung birgt – was den Ansatz qualitativer Forschung zumindest in Widersprüche verwickelt. Replikationsstudien sind als Gütekriterium ebenfalls nicht zielführend. Es ist nicht klar, ob eine Verständigung auf Kriterien und Standards angesichts der Diversifizierung qualitativer Forschung überhaupt wünschenswert ist (Flick, 2014, 420ff).

3.2 Qualitative Forschung – Leitfaden-/Experteninterview

Die in dieser Arbeit gewählte Untersuchungsmethode sind Leitfaden- bzw. Experteninterviews. Leitfadeninterviews gestalten die Führung im Interview über einen vorbereiteten Leitfaden, Experteninterviews definieren sich über die spezielle Auswahl und den Status der Befragten. Der Leitfaden ist eine systematisch angewandte Vorgabe zur Gestaltung des Interviewablaufes. Er beruht auf der bewussten methodologischen Entscheidung, eine maximale Offenheit aus Gründen des Forschungsinteresses oder der Forschungspragmatik einzuschränken. Die Maxime bei der Erstellung des Leitfadens lautet: „so offen wie möglich, so strukturiert wie nötig". Für die meisten Fragestellungen ist es nötig, den Interviewablauf in einem gewissen Maß zu steuern. Experteninterviews definieren sich über die spezielle Zielgruppe der Interviewten und über das besondere Forschungsinteresse an Expertenwissen als besondere Art von Wissen. Experten können einen für den Interviewenden wenig aufwändigen, jedoch guten Zugang zu Wissensbereichen eröffnen (Helfferich, 2014, 559f).

Qualitative Forschung will subjektive Wahrheit und soziale Sinnstrukturen rekonstruieren, von daher ist sie nicht auf authentisches Textmaterial angewiesen. Die interviewten Personen erzählen ihre subjektive Wahrheit und schmücken hierbei aus oder lassen weg, mildern ab oder spitzen zu. Mit der Aufgabe des Anspruches, einen authentischen Text zu produzieren, ist die Pflicht verbunden, stets zu reflektieren, unter welchen Bedingungen die spezifische Version entstanden ist und den Text als Abbild der Interviewten-Interviewenden-Interaktion auszuwerten (Helfferich, 2014, 561f).

Experteninterviews werden üblicherweise als Leitfadeninterviews geführt. Sie sind stärker informationsbezogen auf die Erhebung von praxis-, und erfahrungsbezogenem, technischen Wissen ausgerichtet. Allgemein wird eine stärkere Strukturierung mit Sachfragen vorgeschlagen. Erzählaufforderungen werden hier zurückgefahren und Fragen spezifisch enger fokussiert. Der Akzent liegt eher auf einer strukturierten Abfolge von konkret und prägnant beantwortbaren Fragen. Experten, die sich zu sensiblen Kontexten äußern sollen, bitten häufig um die Vorab-Zusendung des Leitfadens. In der Rollenverteilung zwischen Interviewtem und Interviewendem sollte die Selbstpräsentation des Interviewenden in einer gelungenen Mischung aus Kompetenz und Wissensbedarf bestehen.

Als Gütekriterium für qualitative Forschung dient die Unterscheidung zwischen methodisch kontrollierter und reflektierter Subjektivität und nicht reflektierter Subjektivität. Während standardisierte Forschung jede Form von Subjektivität ablehnt, geht es qualitativer Forschung darum, sich der prinzipiellen Kontextgebundenheit der erzeugten Texte bewusst zu sein (Helfferich, 2014, 573).

Um den Lesern Reflexivität sowie subjektive Nachvollziehbarkeit zu ermöglichen, ist es sinnvoll, den Lesern die der Analyse zugrunde liegende Datengrundlage zugänglich zu machen. Um Auszüge aus technisch aufgezeichneten Interviews, Gesprächen oder sozialen Situationen im Text zu repräsentieren, ist die Vornahme einer Transkription sinnvoll. Das Transkript wird nicht als autonomer Text, sondern in seiner reflexiven Verbindung zur ursprünglichen Aufzeichnung verstanden, die komplexer als das situierte Transkript ist. Das Transkript ermöglicht jedoch dem Leser, die Analyse des Autors auf der Basis der dafür relevanten Daten nachzuvollziehen (Meyer, Meier, 2014, 253f).

3.3 Forschungsfeld/Einbezogene Unternehmen

Wie wir bisher gesehen haben, ist die Gemeinwohlökonomie von ihrer Grundanlage her eine alternative Form des Wirtschaftens, bei dem die Frage nach dem ethischen Aspekt jedes unternehmerischen Tuns erste Priorität hat. Insofern ist die Idee der Gemeinwohlökonomie als Kontrapunkt zur wahrgenommenen vorherrschenden Wirtschaftsethik zu definieren. Auf welcher Basis könnte eine Wirtschaftsethik fußen, die Aspekte des Sozialen stärker gewichtet denn Aspekte des Monetären, bei der die Wirtschaft der Gesellschaft eingebettet wird und nicht umgekehrt (vgl. Kap. 2.3.5)? Bei der nicht mehr der Spruch Gültigkeit beanspruchen kann „Geht's der Wirtschaft gut, geht's uns allen gut." Sondern die Devise lautet: Geht's den Menschen gut, gelingt auch gutes Wirtschaften." Wie also werden Werte wirtschafts-wirksam?

Die Absicht dieser Arbeit liegt darin, die Frage zu beantworten, welche Folgen die Einführung von ethischen Werten, auf denen die gesamte unternehmerische Aktivität beruht, welche in der Gemeinwohlbilanz beurteilt wird, auf die ökonomische Dimension des Unternehmens hat. Beurteilungsgrundlage für die Auswirkungen bildet die Fähigkeit des Unternehmens, aus der Gemeinwohlbilanz heraus systematisch Business Cases for Sustainability zu erarbeiten und durchzuführen. Ist die Gemeinwohlökonomie durch Abstützung auf das Instrument der Gemeinwohlbilanz also in der Lage, unternehmerischen Erfolg im Sinne der Triple-Bottom-Line zu generieren? Ist der wirtschaftliche Erfolg auch der Einführung bestimmter Werte geschuldet und kann dies nachvollziehbar argumentiert werden? Kann ausgeschlossen werden, dass die Gemeinwohlökonomie als gelebte Unternehmenskultur dem Unternehmen wirtschaftlichen Schaden zufügt?

Der empirische Teil fußt auf der Durchführung von Unternehmensinterviews ausgewählter Unternehmen. Der Autor bedient sich hierbei Methoden der qualitativen Sozialforschung. Die Untersuchung des Erfolgs im Sinne der Triple-Bottom-Line im konkreten Anwendungsfall des alternativen Wirtschaftsmodells der Gemeinwohlökonomie lebt zu einem Gutteil von strukturierten Unternehmensinterviews. Diese sollen anhand von im nachstehenden Interviewleitfaden enthaltenen Fragestellungen eruieren, ob der dargelegte Erfolgszusammenhang belegbar ist.

Da die Einführung von BCfS einigen Aufwand und Inanspruchnahme von Managementkapazitäten in den Unternehmen erfordern, sollen Interviews in der Regel mit Unternehmen durchgeführt werden, die eine Mindestanzahl von 8 Mitarbeitern aufweisen. Dadurch soll gewährleistet werden, dass in den Unternehmen eine Minimalausstattung mit entsprechenden Ressourcen vorhanden ist. Der implizite Schluss lautet, dass Unternehmen mit weniger Mitarbeitern entweder keine Bilanz erstellen und damit für diese Untersuchung ohnehin irrelevant wären bzw. dass in Unternehmen eine zeitliche Mindestbefassung mit dem Gegenstand der Gemeinwohlökonomie und der Bilanzerstellung vorausgesetzt werden kann. In der Gemeinwohlökonomie ist eine Vielzahl von Ein-Personen-Unternehmen registriert, von denen zwar einige wenige sogar eine Bilanz gelegt haben, die dennoch nicht im Fokus dieser Arbeit standen. Der Grund liegt darin, dass Ein-Personen-Unternehmen zwangsläufig homogene Ansichten über die Art zu wirtschaften haben werden. Die Auswirkungen einer werteorientierten Unternehmensführung vor allem auf den Treiber „Attraktivität für Mitarbeiter" kann bei diesen Unternehmen ebenfalls nicht festgestellt werden.

Ursprünglich vorgesehene Unternehmen für die Durchführung der Interviews waren:

- Grüne Erde Beteiligungs GmbH, Österreich
- Schachinger Logistik GmbH, Österreich
- Sonnentor KräuterhandelsGmbH, Österreich
- Gugler Print GmbH, Österreich
- Polarstern Energie GmbH, Deutschland
- VAUDE Sport GmbH & CoKG, Deutschland
- Ulenspiegel Druck GmbH, Deutschland
- Spardabank München EG, Deutschland
- Talents4Good, Deutschland.

Im Zuge der Kontaktaufnahme mit den genannten Unternehmen und dem Versuch zur Vereinbarung eines Termines für die Durchführung eines Telefoninterviews erklärten die Unternehmen:

- Schachinger Logistik GmbH
- Spardabank München EG
- Talents4Good

aus zeitlichen Gründen keine Ressourcen für das Interview freimachen zu können. Auf Vermittlung von Talents4Good erklärte sich das Unternehmen:

- Impact Hub München, Deutschland

zur Durchführung eines Interviews bereit.

3.4 Interviewleitfaden

Der Interviewleitfaden wurde im Vorfeld des Interviewtermins an die ermittelten Ansprechpartner versendet (s. Kap. 3.2). Die Gemeinwohlbilanz dient als Berichterstattungsinstrument für die Nachhaltigkeitsaktivitäten des Unternehmens im Sinne der Triple-Bottom-Line. In dieser Funktion gibt sie den Stakeholdern Auskunft über die durchgeführten Aktivitäten und vom Unternehmen bereits gesetzten Maßnahmen. In dieser Hinsicht ist die Gemeinwohlbilanz ein Instrument, das sich mit der Vergangenheit beschäftigt. Inwieweit ermöglicht die Bearbeitung des Gemeinwohlberichtes ihrem Unternehmen, Chancen für die Zukunft zu ermitteln und die Unternehmensentwicklung voranzutreiben? Inwieweit ist die Gemeinwohlbilanz speziell für die Entwicklung von Business Cases for Sustainability geeignet?

Die nachfolgenden Fragen dienen als Leitfaden für Experteninterviews/Befragungen:

- Was waren die Gründe für die Einführung der Gemeinwohlbilanz (GWB) in Ihrem Unternehmen?
- Wie werden die Werte der GWÖ im Unternehmen gelebt bzw. kann die Beschäftigung mit der GWB die Werte im Unternehmen stärken?
- Ist die GWB gelebter Ausdruck von bereits fest im Unternehmen verankerten Werten?
- Welche Rolle spielt(e) die GründerIn bei der Verwirklichung der Werte im Unternehmen. Wird ihre/seine Vision in der GWB gelebt (falls Frage zutreffend)?
- Wie ist die Erstellung der Gemeinwohlbilanz in Ihrem Unternehmen organisiert?
- Welche Auswirkungen hat Ihrer Meinung nach die Einführung der Gemeinwohlbilanz auf:
  - Die Unternehmensführung
  - Die MitarbeiterInnen
  - Sonstige Stakeholder wie z.B. KapitalgeberInnen
  - Den Innovationsgeist
  - Projekte
  - Die Unternehmensentwicklung

- Wenn Sie an die ökonomische Seite in Ihrem Unternehmen denken. Ist die GWB ein geeignetes Instrument, die Entwicklung von BCfS zu fördern und als Ausgangsbasis für triple win (Ökologie, Soziales, Ökonomie) Aktivitäten zu verwenden?
- Hinsichtlich welcher der folgenden Faktoren können Sie die Durchführung von Business Cases for Sustainability in Ihrem Unternehmen identifizieren?
  - Kosten und Kostenreduktion
  - Unternehmensrisiko und Risikoreduktion
  - Verkauf und Gewinnspanne
  - Markenwert und Reputation
  - Arbeitgeberattraktivität
  - Innovationskraft

Falls Sie keine Aktivitäten identifizieren können, gibt es Faktoren, für welche Sie sich persönlich die Durchführung von BCfS vorstellen könnten?

- Zur Erleichterung der Identifizierung von BCfS ersuche ich Sie, die unten dargestellte Matrix (Gemeinwohlkriterien x Faktoren für BCfS) so auszufüllen, dass Sie die identifizierten BCfS den sechs Faktoren bzw. den entsprechenden Gemeinwohlkriterien zuordnen, z.B.: Durchsetzung einer höheren Gewinnspanne infolge Einführung eines besonders ökologisch gestalteten Produktes, für das am Markt eine erhöhte Zahlungsbereitschaft erzielt wird = Faktor „Verkauf und Gewinnspanne" x „ökologische Gestaltung der Produkte und Dienstleistungen", hier bitte in der Matrix ankreuzen. Am Beispiel des Produzenten von Outdoor-Bekleidung VAUDE: Die Produkte von VAUDE werden oftmals gerade aus dem Aspekt heraus gekauft, weil das Unternehmen eine hohe Reputation als nachhaltige Marke hinsichtlich der ökologischen und sozialen Ausgestaltung der Produkte vorweisen kann (Faktor „Reputation und Markenwert" x „ökologische Produkte und Dienstleistungen")
- Ich ersuche Sie um eine kurze Beschreibung jener identifizierten Projekte/Maßnahmen, die für Ihr Unternehmen einen BCfS darstellen.

Gemeinwohlkriterium / Treiber BCfS	Ethisches Beschaffungsmanagement				
Kosten und Kostenreduktion					
Unternehmensrisiko und Risikoreduktion					
Verkauf und Gewinnspanne					
Markenwert und Reputation					
Arbeitgeberattraktivität					
Innovationskraft					
Sonstiges (z.B. Unternehmenskultur)					
	Ethisches Finanzmanagement				
Kosten und Kostenreduktion					
Unternehmensrisiko und Risikoreduktion					
Verkauf und Gewinnspanne					
Markenwert und Reputation					
Arbeitgeberattraktivität					
Innovationskraft					
Sonstiges (z.B. Unternehmenskultur)					
	Arbeitsplatzqualität und Gleichstellung	Gerechte Verteilung der Erwerbsarbeit	Förderung des ökologischen Verhaltens der MA	Gerechte Verteilung des Einkommens	Innerbetriebliche Demokratie und Transparenz
Kosten und Kostenreduktion					
Unternehmensrisiko und Risikoreduktion					
Verkauf und Gewinnspanne					
Markenwert und Reputation					
Arbeitgeberattraktivität					
Innovationskraft					
Sonstiges (z.B. Unternehmenskultur)					
	Ethische Kundenbeziehung	Solidarität mit Mitunternehmen	Ökologische Gestaltung der Produkte und Dienstleistungen	Soziale Gestaltung der Produkte und Dienstleistungen	Erhöhung der ökologischen und sozialen Branchenstandards
Kosten und Kostenreduktion					
Unternehmensrisiko und Risikoreduktion					
Verkauf und Gewinnspanne					
Markenwert und Reputation					
Arbeitgeberattraktivität					
Innovationskraft					
Sonstiges (z.B. Unternehmenskultur)					
	Sinn und gesellschaftliche Wirkung der P/DL	Beitrag zum Gemeinwesen	Reduktion ökologischer Auswirkungen	Gemeinwohlorientierte Gewinnverteilung	Gesellschaftliche Transparenz und Mitbestimmung
Kosten und Kostenreduktion					
Unternehmensrisiko und Risikoreduktion					
Verkauf und Gewinnspanne					
Markenwert und Reputation					
Arbeitgeberattraktivität					
Innovationskraft					
Sonstiges (z.B. Unternehmenskultur)					

- Wie würden Sie die Veränderung vor/nach dem Projekt/der Maßnahme beschreiben? Woran erkennen Sie, dass in einem oder mehreren der sechs Teilbereiche tatsächliche BCfS entstanden sind?
- Haben Sie Wirtschaftlichkeitsrechnungen zu den einzelnen Projekten/Maßnahmen angestellt, die den angestrebten ökonomischen Mehrwert bewerten?
- Und was haben diese BCfS aus Ihrer Sicht nun eigentlich mit dem Gemeinwohl zu tun?

3.5 Durchführung der Interviews

Die Auswahl der Interviewpartner trägt wesentlich zur wissenschaftlichen Qualität der Masterarbeit bei. Die Unternehmen, welche für ein Interview in Frage kamen, wurden über die Homepage des Vereins für Gemeinwohlökonomie ermittelt. Hierbei spielte naturgemäß eine wesentliche Rolle, ob die Unternehmen in der Vergangenheit bereits einen Gemeinwohlbericht abgefasst hatten. Dies stellte die conditio sine qua non dar. Unternehmen, welche lediglich Unterstützer der Gemeinwohlökonomie sind ohne einen Gemeinwohlbericht verfasst zu haben, schieden als Interviewpartner grundsätzlich aus.

Die Unterteilung der aufgelisteten Unternehmen – im ganzen rd. 2.000 – wird nach Anzahl der Löwenzahnsämchen vorgenommen. Unternehmen, die mit einem Löwenzahnsämchen gekennzeichnet sind, unterstützen die Gemeinwohlökonomie finanziell, bringen sich als Mitglied in die Community ein und bereiten die Erstellung einer Bilanz vor. Gemeinwohlunternehmen, die bereits eine Bilanz gelegt haben, werden danach unterschieden, ob die Testierung der Bilanz in einer Peer-Group (2 Sämchen) oder durch einen externen Auditor (3 Sämchen) erfolgt ist (Verein für Gemeinwohlökonomie, 2017 (a)). Die Auswahl der Unternehmen folgte daher den angeführten Kriterien:

- Mindestanzahl von 2 Löwenzahnsämchen (GW-Bilanz mit Peer-Audit)
- Mindestanzahl der Mitarbeiter: 8
- Branche

Es lag im Interesse des Autors, von möglichst vielen unterschiedlichen Branchen Rückmeldungen über die Forschungsfrage zu erhalten. Dieser intendiert breiter angelegte Fokus verengte sich durch die Nichtteilnahme von Unternehmen aus der Finanzdienstleistungs- und der Logistikbranche. Nichtsdestotrotz sind mit Sonnentor und VAUDE zwei Paradebetriebe der Gemeinwohlökonomie vertreten. Die Geschäftsführer, Johannes Gutmann für Sonnentor und Antje von Dewitz für VAUDE, stellen sich als zwei von zwölf SprecherInnen in den Dienst der Gemeinwohlökonomie. Mit der Grünen Erde ist jenes Unternehmen vertreten, das mit 749 Gemeinwohlpunkten die höchste von Unternehmen erreichte Punktezahl vorweisen kann. Sonnentor und Gugler werden in der jüngsten Auflage der Gemeinwohlökonomie als Pionierunternehmen beschrieben (Felber, 2016, 159f).

Die um ein Interview angefragten Unternehmensvertreter wurden im Vorfeld aus dem Gemeinwohlbericht eruiert und sollten die Erstellung der Bilanz federführend begleitet haben. In den meisten Fällen waren dies die Geschäftsführer (bei jenen Unternehmen, welche eine geringere Anzahl an Mitarbeitern – in der gegenständlichen Untersuchung waren dies 21 Mitarbeiter- aufweisen) oder Nachhaltigkeitsbzw. Zertifizierungsbeauftragte des Unternehmens. Teilweise lag eine Übernahme der Gemeinwohlagenden vor, da es einen Bearbeitungsübergang zwischen Mitarbeitern gegeben hatte. Dies betrifft das Unternehmen Grüne Erde und den Impact Hub München.

Die Matrix des Fragebogens wurde in keinem Fall ausgefüllt und retourniert. Die Interviewpartner fanden im Vorfeld meist nicht die Zeit, um den Leitfaden genauer durchzusehen oder sich sogar Gedanken über das Vorliegen von BCfS zu den einzelnen Treibern kombiniert mit den 17 Kriterien der Gemeinwohlbilanz zu machen. Das Interview wurde daher meist spontan und ohne Vorbereitung seitens der Interviewpartner durchgeführt. Der Interviewleitfaden diente als Anhalt zur Strukturierung. Meist wurde aus Zeitgründen nicht auf alle Fragen detailliert eingegangen. Um überhaupt Termine für Interviews erhalten zu können, musste die Zeitdauer den Interviewpartnern mit rund einer halben Stunde avisiert werden. Der Autor schätzte im Vorfeld der Interviews, dass für das Behandeln des gesamten Interviewleitfadens etwa eine Stunde zu veranschlagen sein würde.

Die folgende Tabelle gibt eine Übersicht über die interviewten Unternehmen und die Position der jeweiligen Interviewpartner. Der Zeitraum, in welchem die Interviews stattfanden, erstreckte sich vom 15. März bis 20. April 2018.

Für das Unternehmen Gugler Print, welche bereits langjähriges Mitglied der Gemeinwohlökonomie ist, bleibt anzumerken, dass dieses mittlerweile nur noch über einen Förderstatus verfügt (1 Löwenzahnsämchen) und keine Gemeinwohlbilanzen mehr erstellt, stattdessen jedoch Nachhaltigkeitsberichte veröffentlicht (s. Kap. 4.2).

Tabelle 2 Unternehmen und interviewte Personen

Unternehmen	**Grüne Erde**	**Sonnentor**	**Gugler Print**	**Polarstern**	**Vaude**	**Ulenspiegel**	**Impact Hub**
Interviewpartner	Isabella Tatzsberger	Sonja Aigner	Roswitha Sandgruber	Simon Stadler	Lisa Fiedler	Christian Merk	Jakob Assmann
Position	Zertifizierungsbeauftragte	Marketingleiterin	Nachhaltigkeitsbeauftragte	Geschäftsführer	Nachhaltigkeitsbeauftragte	Geschäftsführer	Geschäftsführer
Datum	18.4.2018	10.4.2018	15.3.2018	23.3.2018	12.4.2018	16.3.2018	20.4.2018
Website	Gruene-erde.com	Sonnentor.com	Gugler.at	Polarstern-energie.de	Vaude.com	Ulenspiegel-druck.de	Munich.impact-hub.net
Anzahl Mitarbeiter	370	320	100	21	469	8	8
Branche	Produktion, Handel	Produktion, Handel	Druck	Energie	Sporthandel	Druck	Vermietung
Anzahl Sämchen	3	3	1	2	3	3	2

4 Ergebnisse

4.1 Unternehmenswerte

Die Unternehmenswerte sollen die wesentlichen Werte der Gemeinwohlökonomie prinzipiell widerspiegeln bzw. ein hohes Maß an Übereinstimmung erreichen. Die Aussage des Geschäftsführers der Grünen Erde, Kuno Haas, soll hier stellvertretend zitiert werden:

„Die Grüne Erde steht den visionären Ideen der Gemeinwohl-Ökonomie sehr positiv gegenüber und erkennt in der grundsätzlichen Betrachtungsweise viele Gemeinsamkeiten, auch wenn wir als privatwirtschaftliches Unternehmen nicht alle Maßnahmen und Ziele der Bewegung vorbehaltlos teilen" (Grüne Erde, 2015, 7).

Diese Aussage wurde dem Autor gegenüber in abgewandelter Weise praktisch in allen Interviews wiederholt. Man stehe der Gemeinwohlökonomie sehr positiv gegenüber, auch wenn man nicht in allen Belangen übereinstimme. Dass der Grad der Identifikation mit den Zielen und Visionen der Gemeinwohlökonomie hoch sein muss, kann implizit auch aus dem Umstand geschlossen werden, dass sich die Betriebe letztlich für eine Teilnahme an der Gemeinwohlökonomie entschieden haben. Im Fall der befragten Unternehmen wurde überdies eine Gemeinwohlbilanz erfasst, die üblicherweise ein nicht unerhebliches Quantum an Bearbeitungsstunden und damit Mitarbeiterressourcen bindet.

Im Interview selbst wurde nach den wichtigsten (üblicherweise mindestens 3) Unternehmenswerten gefragt. Hierbei wurden meist klare und nachvollziehbare Wertkategorien genannt. Im Fall von VAUDE werden Metaphern als Leitwerte angeführt, die jedoch näher ausgeführt werden und dadurch wieder eine klar konnotierte Werteigenschaft annehmen.

Im Falle von Gugler Print wurden als Unternehmenswerte Kooperation statt Konkurrenz, ökologische Nachhaltigkeit (Gugler ist Cradle-to-Cradle zertifiziert), Selbstbestimmung und Selbstführung der Mitarbeiter sowie Motivationssteigerung genannt.

Für Christian Merk von Ulenspiegel Druck sind ein kollegialer Umgang miteinander sowie generell Kollektivität von herausragender Bedeutung. Das Unternehmen ging aus einem Mitarbeiterkollektiv hervor, der Geist der Selbstbestimmung und des Verantwortungsbewussten werde im Unternehmen noch heute gelebt. Weiters wird versucht, nach außen so ökologisch wie möglich zu arbeiten und das auch gegenüber Stakeholdern zu vertreten. In diesem Zusammenhang gibt Ulenspiegel eine eigene Firmenzeitschrift, „druckfrisch" heraus, in der den Kunden über die Aktivitäten des Unternehmens berichtet wird.

Simon Stadler von Polarstern nennt als ersten Unternehmenswert ökologische Nachhaltigkeit. Man sieht sich als Gestalter der Energiewende, der einen Beitrag leistet, dass bei der Klima- und Energiewende Fortschritte gemacht werden. Vertrauensvolle Beziehungen zu den Stakeholdern ist eine weitere Säule der Werte, welche das Unternehmen kennzeichnen. Als drittes ist Polarstern konsequent auf Zukunftsorientierung ausgerichtet, man will zukunftsweisende Produkte entwickeln. Das Produkt Mieterstrom bezeichnet Stadler bereits als Beispiel dafür, dass Polarstern eigentlich als Social Business bezeichnet werden kann. Dieses Produkt passt laut Stadler hervorragend zur Wertestruktur der Gemeinwohlökonomie. Auch die Tatsache, dass man mit jedem Kunden ein Entwicklungshilfeprojekt in Kambodscha fördere, falle in diese Kategorie. Diese werden als nicht in monetären Maßstäben zu messenden Gewinn für das Unternehmen gewertet.

Für Sonnentor ist das Leitmotiv „Leben und leben lassen", womit die Wertschätzung und die natürlichen Kreisläufe, ökologische Nachhaltigkeit verbunden werden. Kooperation vor allem mit den Lieferanten wird hochgehalten. Kann einer einmal nicht liefern, sucht man nicht die Konkurrenz auf, sondern überlegt gemeinsame Lösungen. Gerade im Zusammenhang mit den Lieferanten legt man bei Sonnentor nicht Wert auf den Preis der gekauften Produkte, sondern auf eine langfristig angelegte Zusammenarbeit. Man regt auch eine verstärkte Kooperation der Lieferanten untereinander an. Regionalität ist ein dritter Wert, den Gründer Johannes Gutmann in die Wiege des Unternehmens gelegt hat.

Bei Vaude werden drei Metaphern als Werte genannt. Die Wurzel bildet der BERG , der für leidenschaftliches Erleben der Natur steht, aber auch für die Herausforderungen an die Menschen und an die Produkte von Vaude; der zweite Wert ist WIR, der für den partnerschaftlichen Umgang mit Menschen und der Natur steht. Der dritte Aspekt ist VORWÄRTS, wobei Vaude Nachhaltigkeit als beständigen Wert in einer sich schnell verändernden Umwelt definiert. Vaude möchte ein weitgehend intaktes Naturerleben auch für nachfolgende Generationen garantieren. Vaude strebt an, neue, innovative und umweltfreundliche Lösungen anzubieten im Gegensatz zu einer „Zurück zum Jutesack"-Bewegung. Firmenintern achtet man bei Vaude auf einen vertrauensvollen Umgang auf Augenhöhe unabhängig von hierarchischen Positionen. Überdies wird eine Kultur gelebt, in der Fehler gemacht werden können. Diese Haltung spiegelt sich auch im Produktkatalog und hinsichtlich der ökologischen und sozialen Anforderungen der Produktgestaltung.

Für Grüne Erde stand am Beginn des Unternehmens vor 35 Jahren der Wunsch, ökologische Produkte zu erzeugen. Ökologie steht auch nach wie vor eindeutig an erster Stelle, laut Frau Tatzberger hebt man sich durch die Konsequenz, mit der Grüne Erde die ökologische Nachhaltigkeit verfolgt, von den Mitbewerbern ab. Die soziale Ausrichtung des Unternehmens wird als zweiter Wert genannt, die Mitarbeiter können aus einer Vielzahl an Arbeitszeitmodellen wählen. Die Langlebigkeit der Produkte nennt Frau Tatzberger als dritten wesentlichen Wert.

Für Jakob Assmann vom Impact Hub München stehen die Werte Vielfalt, Vertrauen und Pioniergeist an oberster Stelle. Der Impact Hub ist eines jener Unternehmen, deren Gründer sich schon vor der Gründung der Gemeinwohlökonomie zugewandt hatten und von daher mit den meisten, wenn auch nicht mit allen Werten der GWÖ übereinstimmt. Er bejaht auch ausdrücklich, dass die Werte der GWÖ das Unternehmen beeinflussen bzw. den Nukleus, die Philosophie des Unternehmens ausmachen.

Tabelle 3 Genannte Unternehmenswerte und Anzahl der Nennungen

Unternehmenswert	Anzahl der Nennungen	Unternehmen
Kooperation	4	Gugler, Ulenspiegel, Sonnentor, Vaude
Selbstbestimmung	2	Gugler, Ulenspiegel
Kollektivität	1	Ulenspiegel
Motivationssteigerung	1	Gugler
Ökologische Nachhaltigkeit	6	Gugler, Ulenspiegel, Polarstern, Sonnentor, Vaude, Grüne Erde
Zukunftsorientierung	3	Polarstern, Vaude, Grüne Erde, Impact Hub München
Regionalität	1	Sonnentor
Vertrauen	2	Polarstern, Impact Hub München
Sozialorientierung	1	Grüne Erde
Vielfalt	1	Impact Hub München

Die Rangskala der mehr als einmal von den befragten Unternehmen genannten Werte ergibt folgendes Bild:

- Ökologische Nachhaltigkeit (6 Nennungen)
- Kooperation (4 Nennungen)
- Zukunftsorientierung (3 Nennungen)
- Selbstbestimmung (2 Nennungen)
- Vertrauen (2 Nennungen).

Man könnte dieses Bild in die folgende Aussage gießen: Als Unternehmen ist uns die ökologische Nachhaltigkeit das wichtigste Anliegen. Dieses Ziel bestimmt unsere Zukunftsorientierung und wir wollen es auf kooperative und zugleich selbstbestimmte Weise mit all unseren Stakeholdern, vertrauensvoll nach innen und außen erreichen.

Eine gewisse Unterrepräsentierung von sozialen Aspekten gegenüber ökologischen Themen könnte aus diesem Stimmungsbild herausgelesen werden. Bei diesen Aussagen ist jedoch vor allem Bedacht zu nehmen auf die gewählte Untersuchungsmethodik. Es ergibt sich ein höchst subjektives Bild des Autors, welches in der qualitativen Forschung nicht auszuschließen ist (s. Kap. 3.1).

4.2 Die Gemeinwohlökonomie in den Unternehmen

Die befragten Unternehmen gaben entweder an, schon seit Beginn der Gemeinwohlökonomie dieser nahe zu stehen oder sogar beigetreten zu sein. Insbesondere jene Unternehmen, die schon viele Jahre bzw. Jahrzehnte tätig sind, meinten, ihre Unternehmensphilosophie und -werte würden schon seit ihrer Gründung den Zielen der Gemeinwohlökonomie entsprechen. Viele hatten Kontakt mit Christian Felber und entschlossen sich, der Bewegung beizutreten (dies lässt auch einen Rückschluss auf die Rolle Felbers als wichtiger Promotor des Gemeinwohlmodells zu). Insofern war der Beitritt zur Community und in weiterer Folge die Erstellung einer Gemeinwohlbilanz nur ein folgerichtiger Schritt (Vaude, Gugler, Grüne Erde, Ulenspiegel und Sonnentor).

Aus diesem Grund wurde die Frage nach der Beeinflussung der Unternehmenswerte durch die Beschäftigung mit der Gemeinwohlökonomie von diesen Unternehmen auch meist neutral beantwortet. Sie argumentierten, dass ihre Unternehmenswerte bereits ausgereift und formuliert waren, bevor die Bewegung überhaupt entstanden war. Insofern beeinflussen diese länger existierenden Unternehmen die Gemeinwohlökonomie mehr (z.B. durch Mitarbeit an der Weiterentwicklung des Gemeinwohlhandbuches) als umgekehrt.

Bei Unternehmen, welche erst vor wenigen Jahren gegründet wurden, verhält es sich andersherum. Sie hatten sich im Vorfeld der Gründung intensiv mit der Gemeinwohlökonomie befasst und ihre Unternehmenswerte nach dem Modell ausgerichtet (Polarstern, Impact Hub München).

Wenn von den Werten abgesehen wird und auf die Beeinflussung der Gemeinwohlökonomie auf der Ebene der einzelnen Bewertungskriterien bzw. die Stakeholder abgestellt wird, ergeben sich doch einige bemerkenswerte Aussagen.

Im Fall von Ulenspiegel Druck war ein Motiv, dass bereits eine EMAS-Zertifizierung vorlag, das Unternehmen jedoch über die rein ökologischen Aspekte hinausgehen wollte und daher die Gemeinwohlökonomie als für sich passendes Modell mit einem breit angelegten Verständnis von Nachhaltigkeit anwandte.

Der Eigentümer von Gugler Print, Herr Gugler kannte Christian Felber schon seit längerem, 2011 trat man der Gemeinwohlökonomie bei. Der Fokus wurde mittlerweile aber etwas weg von der GWÖ gelegt, aus Ressourcengründen werden nunmehr Nachhaltigkeitsberichte erstellt. Überdies wurden die Stakeholder befragt, inwieweit die GW-Bilanz Resonanz fand. Die Antwort war, dass diese keine Bedeutung hatte. Wichtiger war in dem Zusammenhang die Einführung der cradle-to-cradle-Zertifizierung für ökologische Druckprodukte.

Ein unmittelbarer Einfluss der Gemeinwohlökonomie bei Gugler war der Versuch, mehr Mitbestimmung zu leben. Die Belegschaft sollte durch die Methode des systemischen Konsensierens zu gelebter Mitverantwortung angeregt werden. Gugler differenziert sich in einen Produktionsbetrieb und eine Agentur. In der Produktion wurde Mitbestimmung abgelehnt, da die Mitarbeiter, die Hierarchien einfach gewohnt waren, einfach ihrer Arbeit nachgehen wollten. In der Agentur, in der ein bestimmtes Maß an Eigenverantwortung zur Tagesordnung gehört, wurde die Möglichkeit zur Mitbestimmung dagegen positiv aufgenommen. Gugler zog daraus den Schluss, Änderungen der jeweiligen Arbeitsumgebung angepasst und in kleinen nachvollziehbaren Schritten einzuleiten, um den Mitarbeitern die Anpassung zu ermöglichen.

Auf die Geldgeber hat die Erstellung der GWB keinerlei Auswirkungen gezeigt, hier zählen weiterhin nur harte Finanzkennzahlen, was bei Gugler mit Enttäuschung zur Kenntnis genommen wurde.

Für Ulenspiegel ist die Erstellung der Gemeinwohlbilanz auf der Führungsebene als eine Art Bewusstwerdungshilfe positiv zu sehen. Für die Mitarbeiter ist sie eine Anregung, Kritik zu üben, andererseits stärkt sie aber auch das Gefühl von Verbundenheit. Es konnten aber auch Kunden gewonnen werden, die gemeinwohlaffin sind. Überhaupt wird bei Ulenspiegel die Gemeinwohlbilanz als gute Möglichkeit wahrgenommen, ansonsten unbeleuchtete Themenfelder durchzuarbeiten. So soll die innerbetriebliche Lohnstruktur in Zukunft klarer erläutert werden. Ebenso ist man mit einer weiteren Bank in Verhandlung, die ihrerseits Mitglied der Gemeinwohlökonomie ist. Dies trägt zu einer sinnvollen Geschäftsbeziehung im Finanzierungsbereich bei.

Simon Stadler meint, die Gemeinwohlökonomie hätte einfach gut zum Unternehmen Polarstern gepasst, dessen Produkte Ökostrom und Ökogas sind. Wenn die vertriebenen Produkte einer bestimmten Werteorientierung entspringen, dann kann in anderen Bereichen, etwa der

Büroorganisation und dem gesellschaftlichen Umfeld, nicht ein gänzlich anderes Wertebewusstsein vertreten werden. Durch die Analyse der einzelnen Berührungsgruppen hat man überdies ein probates Werkzeug, um das Unternehmen systematisch zu durchleuchten und Ansätze für Verbesserungen zu finden. Für Stadler ergibt sich aus der Erstellung der Gemeinwohlbilanz und die erreichte Punkteanzahl auch eine gute Vergleichbarkeit mit anderen Unternehmen. Ein bestimmender Antrieb für die Einführung der Gemeinwohlbilanz war aber auch die Erschließung von bestimmten Kundengruppen, die ohne den Ausdruck der Zugehörigkeit (zur Gemeinwohlökonomie) schwer erreichbar gewesen wären und wo man einen klaren Wettbewerbsvorteil genießt. Hier bezieht sich Stadler auch ausdrücklich auf Kommunen, welche Mitglied der GWÖ sind. Aber auch die Beziehung zur Spardabank München, die als Vertriebspartner gewonnen werden konnte, entspringt der Zugehörigkeit zur gleichen Wertegemeinschaft. Der Vertrieb der Polarsternprodukte würde auch die Glaubwürdigkeit der Spardabank gegenüber ihren Kunden steigern.

Auch bei Sonnentor war der Weg zur GWÖ durch eine frühzeitige Kontaktaufnahme mit Christian Felber und die Überzeugung, die gleichen Werte zu teilen, gekennzeichnet. Im Jahr 2011 hatte Sonnentor bereits einen Nachhaltigkeitsbericht veröffentlicht. Man wollte jedoch nicht in die Gefahr geraten, bloß eine Werbebroschüre zu generieren, sondern den Stakeholdern mehr Inhalt über das übliche Maß hinaus bieten. Für Sonnentor hat die Teilnahme an der GWÖ vor allem vertriebsseitig Auswirkungen auf die Stakeholder. In der Biobranche sieht sich Sonnentor als Vorreiter und macht z.B. gemeinsame Messeauftritte mit Großhändlern wie Bodan. Man vermutet, dass die Teilnahme an der GWÖ auf Kundenseite auf Wohlwollen stößt, speziell die Rolle von Firmengründer Johannes Gutmann als GWÖ-Sprecher wird wahrgenommen, man hat jedoch hierzu keine Kundenbefragungen durchgeführt.

Auch für Vaude waren die geteilten Werte – durch das Wirtschaften einen Mehrwert für Mensch und Natur zu schaffen – das entscheidende Kriterium zur Teilnahme an der GWÖ. Diesbezüglich und hinsichtlich der Übernahme von Verantwortung in der Lieferkette und sozialökologischen Themen stimmt man mit der GWÖ weitgehend überein. Hinsichtlich Mitbestimmung, z.B. bei der Gehaltshöhe oder

der demokratischen Wahl von Führungskräften, ist die Übereinstimmung mit der GWÖ dagegen gering. Auf Vertriebsseite ist ein Ergebnis der Erstellung der GWB die verstärkte Unterstützung kleiner Fachhändler, die wieder auf Augenhöhe mit dem Onlinehandel und großen Händlern gebracht werden sollen.

Bei der Grünen Erde ist 2015 der Gemeinwohlbericht mit der höchsten von einem Unternehmen erreichten Punktezahl erstellt worden. Dies war mit erheblichem Aufwand verbunden. In Zukunft soll stärker kennzahlenorientiert berichtet werden, weshalb möglicherweise eine Umstellung zu Nachhaltigkeitsberichtsstandards wie der GRI stattfinden könnte. Ob dann noch ein Gemeinwohlbericht erstellt wird, muss von der Geschäftsführung noch entschieden werden. Frau Tatzberger sieht eine Beeinflussung der GWÖ auf die Werte des Unternehmens, speziell im Sozialbereich.

Für Jakob Assmann vom Impact Hub München führt die GWÖ auch den Stakeholdern vor Augen, wie man im Geist der GWÖ arbeitet, wie Transparenz gelebt werden kann, wo man seine Lieferungen bezieht. Da der Impact Hub Büroräumlichkeiten vermietet, wird den Mietern zunächst vor Augen geführt, dass es alternative Formen des Wirtschaftens gibt. Die Zielsetzung des Impact Hub ist es, die Wirtschaft gemeinwohlorientiert umzugestalten. Da die GWÖ praktisch die DNA des Unternehmens ist, kann auch schwer beurteilt werden, welche Maßnahmen aus der GWÖ stammen und welche aus der Zielsetzung des Unternehmens. Der Impact Hub hat seine GWB in Form eines Peer Audits erstellt, bei dem man mit anderen GWÖ – Unternehmen in großer Offenheit an die Herzstücke des Unternehmens herangeht. Herr Assmann sieht dies als erstklassige Gelegenheit zum Erfahrungsaustausch, vom Practice Sharing bis hin zur Erfahrung der anderen mit Misserfolgen. Hier sieht er auch wesentliche Unterschiede zu klassischen CSR-Berichten, die im jeweiligen Unternehmen erstellt und vom externen Prüfer begutachtet werden. Der Lernprozess im Peer Audit ist für ihn außerordentlich vorteilhaft und dieser ist überdies bereits Ausdruck eines kooperativen Wirtschaftssystems.

4.3 Business Cases for Sustainability

4.3.1 Treiber: Effizienzsteigerung bzw. Kostenreduktion

Bei Gugler konnte in der Agentur durch soziokratische Maßnahmen der Mitbestimmung eine Hierarchieebene eingespart werden. Maßnahmen der Mitarbeiterführung wurden durch Selbstorganisation auf Mitarbeiterebene abgelöst, was zu Personalkosteneinsparungen geführt hat. Dies hat auch dazu geführt, dass Projekte infolge höherer Eigeninitiative der Mitarbeiter erfolgreicher umgesetzt werden konnten.

Für Sonnentor ist die Umstellung der Verpackungsmaterialien, bei denen Zelluloseverpackungen durch stabile Kartons ersetzt werden, ein Beitrag zur Kostensenkung. Allerdings ist diese Maßnahme nicht allein auf die GWB als Ursache für die Durchführung reduzierbar.

Für Vaude sind Einsparungen, z.B. von Stromverbrauch im Produktionsbereich, Teil der intrinsischen Motivation und können nicht auf die GWÖ/GWB zurückgeführt werden.

Im Impact Hub ist ein wesentlicher Faktor für Kostenreduktion das grundsätzlich gelebte Vertrauen. Hierdurch erspart man sich Kontroll- und Überwachungsinstrumente, etwa elektronische Abrechnungsgeräte für Snacks oder Raumabrechnung für die Mieter. Das funktioniert über ein Sparschwein, elektronische Zeiterfassung gibt es hier ebenfalls nicht. Das System funktioniert, weil die Mieter die Werte des Impact Hub teilen. Sollte dies einmal nicht der Fall sein, wird mit diesen Mietern ein Gespräch geführt, ob sie den Hub nicht besser verlassen.

4.3.2 Treiber: Reduktion von (Unternehmens-)Risiken

Aufgrund der starken Werteorientierung der Unternehmen der Gemeinwohlökonomie haben auch deren Kunden teilweise ähnliche Wert-Einstellungen. Bei Polarstern geht man davon aus, Kunden mit einer erhöhten Zahlungsmoral anzuziehen, was sich in einem verringerten Zahlungsausfallsrisiko gegenüber vergleichbaren Unternehmen niederschlägt (vgl. Kap. 2.6.4.2).

Sonnentor möchte keine Finanzinvestoren an Bord, man ist bemüht, Freiheit für die Möglichkeit der Selbstbestimmung zu bewahren, insofern Risikoreduktion durch Unabhängigkeit von externen Geldgebern. Gewinne werden fast ausschließlich ins Unternehmen rückgeführt, Investitionen werden auf die erwirtschafteten Gewinne abgestimmt. Auch auf der Absatzseite gilt diese Reduktion der Abhängigkeit von wenigen Großhändlern. Man hat bei Sonnentor ein Netz von eigenständigen Vertriebspartnern nach dem Franchisesystem aufgebaut.

4.3.3 Treiber: Umsatz- und Margensteigerung

Bei Beschaffungsvorgängen ist bei vielen Kunden nicht allein der Preis das ausschlaggebende Kriterium, sondern auch die Einhaltung bestimmter Standards bei den Lieferanten. Der Preis ist damit nicht das allein ausschlaggebende Kriterium. Dies wirkt sich umsatzsteigernd aus.

Bei Ulenspiegel wird festgestellt, dass gemeinwohlaffine Unternehmen als Kunden gewonnen werden konnten. Diese Neukunden machen geschätzte fünf Prozent des Gesamtumsatzes aus, auch Polarstern argumentiert mit Neukunden im einstelligen Umsatzprozentbereich aufgrund der Teilnahme an der GWÖ. Diese schließen explizit aufgrund des Umstandes bei Polarstern ab, weil es Gemeinwohlunternehmen ist. Durch die Fokussierung auf andere als kommerzielle Verkaufsargumente rückt der Preis ein Stück weit in den Hintergrund.

Bei Vaude kann kein direkter Konnex zu erhöhten Gewinnzahlen aufgrund eines deutlich ökosozialeren Produkts hergestellt werden. Diese Effekte auf ein Produkt herunterzubrechen würde der Komplexität der Kausalzusammenhänge nicht gerecht. Allerdings können durch die Positionierung von Vaude auch Marktanteile hinzugewonnen werden. Dies ließe doch den Rückschluss zu, dass zumindest eine Umsatzausweitung auf die ökologische Produktpalette von Vaude zurückzuführen ist und einzelne Kundengruppen diesen Mehrwert durchaus schätzen. Der Einkauf mit gutem Gewissen wird laut Vaude wichtiger, diese Rückmeldung erhält man von den Händlern. Derzeit ist dieses Kundensegment aber über ein Nischendasein noch nicht hinausgewachsen. Viele Menschen hätten noch nicht das Mindset, um auch ökologische und soziale Faktoren in ihre Kaufentscheidung miteinfließen zu lassen.

Für Grüne Erde ist es ebenso schwierig, den Beitrag der Gemeinwohlökonomie an der Steigerung der Verkaufszahlen abzuschätzen. Durch die im GWB geschilderten Aktivitäten kann der Kunde jedenfalls besser erkennen, was hinter einem Produkt steckt und wie es zu höheren Preisen kommt. Daraus ergibt sich auch eine höhere Zahlungsbereitschaft.

4.3.4 Treiber: Steigerung der Unternehmensreputation und des Markenwertes

Bei Gugler wird der Markenwert als nachhaltig am Markt agierendes Unternehmen durchaus wahrgenommen. Inwieweit die Teilnahme an der Gemeinwohlökonomie honoriert wird, ist nicht abschätzbar.

In einzelnen Regionen erfährt die GWÖ einen Aufmerksamkeitszuwachs. Dadurch verbreitert sich die Basis und der Markenwert steigt für jene Unternehmen, welche schon frühzeitig der Community beigetreten sind (Ulenspiegel). Auch für Polarstern ergibt sich ein eindeutiger Zusammenhang zwischen steigendem Marktwert des Unternehmens und der Teilnahme an der GWÖ. Obwohl die GWÖ derzeit ein Nischendasein führt, wird diese Nische größer und schafft dadurch Breitenwirkung innerhalb der Nische.

Sonnentor nutzt die GWB definitiv als Mittel zur Distinktion von Mitbewerbern, die Teilnahme an der GWÖ wird klar als Beitrag zur Steigerung des eigenen Markenwertes wahrgenommen. Zudem setzt man bei Sonnentor auf Lieferanten- und Kundenbeziehungen auf Augenhöhe, es werden keine harten Preisverhandlungen geführt, da dies lediglich die gegenseitige Wertschätzung unterhöhlen würde. Hierzu zählt auch die Zusammenarbeit mit den Bauern, welche die wesentlichste Voraussetzung für qualitätsvolle Produkte ist. Wenn ein Lieferant gerade nicht anbieten kann, wird dieser nicht ausgelistet, sondern es wird versucht, gemeinsam Lösungen zu finden. Sonnentor regt auch an, dass die Lieferanten untereinander verstärkt kooperieren. Es regiert nicht der Preis alleine, sondern es geht um eine langfristige Kooperation für die nächsten fünf bis zehn Jahre. Beide Seiten müssen investieren, aber für beide Seiten soll sich die Kooperation auch nachhaltig rentieren.

Bei Vaude wird man häufig auf die GWÖ angesprochen, da die Menschen erleben, dass es ein alternatives Wirtschaftskonzept gibt. Das Thema spricht die Menschen an und berührt sie emotional. Der Umstand, dass die GWÖ eine Vision verfolgt, und konkrete Änderungen anstrebt, holt die Leute in ihrem Unbehagen gegenüber den derzeitigen Folgen des Wirtschaftssystems ab und zeigt Schritte in eine positive Richtung auf. Insofern stimmt man bei Vaude definitiv dem Schluss zu, von einem erhöhten Renommee aufgrund der Teilnahme an der GWÖ ausgehen zu können.

Grüne Erde verfügt über einen Kundenstamm, der sich explizit für Nachhaltigkeitsthemen interessiert, dem sehr wohl bewusst ist, dass das Unternehmen, bei dem sie kaufen, kein Greenwashing betreibt und der das auch sehr genau hinterfragt. Diesbezüglich wird auch ein Blog betrieben, der Nachhaltigkeitsthemen aufgreift und den Kunden nahebringt. Auch Grüne Erde bejaht explizit, durch die Teilnahme an der GWÖ einen Reputationsgewinn zu erfahren.

Im Impact Hub verzeichnet man Vorteile durch die Marke GWÖ. Man nimmt an Förderprogrammen teil, bei dem Menschen die Arbeitsweise des Impact Hub kennenlernen und die das Modell als authentisch erleben.

4.3.5 Treiber: Anziehungskraft auf (potenzielle) Mitarbeiter

Bei Polarstern ist festzustellen, dass Vorteile auf dem Arbeitnehmermarkt durch den Social Business Ansatz und auch durch die Teilnahme an der Gemeinwohlökonomie erzielt werden. Menschen, welche sich die Sinnfrage im Zusammenhang mit ihrem Arbeitsleben stellen, sind auch bereit, Abschläge beim Einkommen in Kauf zu nehmen. Rund um die Familiengründung sind verstärkt Tendenzen zur stärkeren Sinnorientierung zu erkennen, was im Leben abseits der reinen Geldorientierung einen hohen Stellenwert einnehmen soll. Diesen Trend machen sich Unternehmen der GWÖ zunutze.

Dieses Phänomen ist nicht nur auf städtische Agglomerationen beschränkt. Auch in strukturschwachen Regionen wie dem niederösterreichischen Waldviertel verschafft die hohe Orientierung an Nachhaltigkeitsstandards zu einem verstärkten Zuspruch von Arbeitnehmern, die sich verändern und einer sinnstiftenden Tätigkeit nachgehen wollen (Sonnentor).

Auch für Vaude stellt sich die Situation so dar, dass einzelne Bewerber auf die Beteiligung an der GWÖ zurückkommen, aber die Marke Vaude wird von Bewerbern ohnehin sehr stark in der Nachhaltigkeitsbranche verortet. Vaude findet mit diesem Markenansatz in einer Region mit Vollbeschäftigung dennoch ausreichend gute Mitarbeiter ohne die GWÖ als „Lockmittel“ verwenden zu müssen.

Für Grüne Erde ist klar, dass die Werte, welche die GWÖ vertritt, auch attraktiv für Arbeitnehmer sind. Ob die Teilnahme an der GWÖ auch ein Grund für die Bewerbung von Arbeitnehmern ist, kann aber nicht eindeutig eingeschätzt werden. Man setzt bei der Gewinnung von Mitarbeitern jedenfalls mehr auf die Marke Grüne Erde denn auf die Gemeinwohlökonomie.

Ein klares Statement pro Arbeitgeberattraktivität bekundet auch der Impact Hub München. Man verzeichnet mehr Menschen, die nach Arbeit mit Sinn suchen, als Unternehmen, die dies konsequent umsetzen. Man gewinnt sehr gute Leute mit der GWÖ als Argument und kann dadurch Löhne unter dem üblichen Marktwert bezahlen.

4.3.6 Treiber: Innovationsfähigkeit

Durch das Hinterfragen von Hierarchien definieren Mitarbeiter ihre Rolle neu. Hierdurch kommt es zu einem erhöhten Maß an Selbstbestimmung der Mitarbeiter (Ulenspiegel).

Bei Sonnentor hat sich das Thema Konfliktbewältigung aus der GWB heraus entwickelt. Auch in den Gemeinwohlbilanzen der anderen Gemeinwohlunternehmen holt man sich Anregungen, um neue Entwicklungen anzustoßen. Durch die Matrixgestaltung ergibt sich überdies die Möglichkeit, beim jeweiligen Kriterium Vergleiche anzustellen und dann auch konkret in der Umsetzung zu werden.

Vaude weist darauf hin, dass es sehr viel Deckungsgleichheit hinsichtlich des Verständnisses ökologischer Produkte mit der GWÖ gibt.

Dadurch, dass die GWÖ selbst als innovativer Prozess aufgesetzt ist, um vom alten System in ein neues zu gelangen und wie Unternehmen und Menschen auf diesem Weg begleitet werden können, ist für den Impact Hub bereits sehr viel Innovation in Richtung sinnhaftes Arbeiten angelegt. Im Impact Hub wurde noch nie ein Produkt unter einem finanziellen Aspekt geschaffen. Allerdings werden natürlich auch keine Produkte entwickelt, die letzten Endes Verlust bringen. Aber man gibt den Produkten länger Zeit, um sich zu rechnen. Oder man bewertet die sozialen und ökologischen Faktoren sehr hoch, unter finanziellen Aspekten ist ein Produkt möglicherweise ein Risiko, aber sozial ist es außerordentlich attraktiv.

4.4 Analyse der Ergebnisse

Die Unternehmensvertreter wurden nach den sechs Treibern für Business Cases for Sustainability befragt. Es wurden zu einzelnen Treibern Beispiele genannt. Kein Unternehmen nannte zu allen sechs Treibern Beispiele für BCfS. Es wurde meist darauf hingewiesen, dass nicht in jedem Fall eines BCfS ein klarer Konnex zur Gemeinwohlökonomie bzw. zur Erstellung der Gemeinwohlbilanz hergestellt werden konnte. Es wurde darauf eingegangen, dass in der Bilanz über die BCfS berichtet werde, die Genese des BCfS jedoch auf verschiedene weitere Faktoren wie z.B. Innovationszirkel zurückzuführen sei. Die GWÖ bzw. der Prozess der Bilanzerstellung hat hier einen positiven Einfluss. Welchen Anteil sie tatsächlich hat, kann nicht zweifelsfrei festgestellt werden (Vaude).

Die Bilanz bildet demnach häufig Maßnahmen ab, welche unabhängig vom Prozess der Bilanzerstellung entwickelt wurden (Gugler). Dennoch wurde mehrfach betont, dass die Tatsache, Gemeinwohlunternehmen zu sein, nicht losgelöst von den einzelnen BCfS betrachtet werden könne. Eine Verquickung von Gemeinwohlökonomie und BCfS ist demnach allein schon dadurch gegeben, dass einige BCfS der Werthaltung der einzelnen Unternehmen geschuldet sind (so z.B. der Umgang mit Lieferanten bei Sonnentor).

Die Tatsache, dass sich die Unternehmen entschieden haben, der Gemeinwohlökonomie beizutreten und den aufwändigen Prozess der Gemeinwohlbilanzerstellung durchzuführen zeigt deren Grundeinstellung. Diese spiegelt sich in den Werten wider, die von den Unternehmen im Alltag gelebt werden und die sich mit den Grundwerten der Gemeinwohlökonomie mehr oder weniger weitgehend decken. Insofern ergeben sich BCfS aus einer Werthaltung, für die sich Menschen innerhalb des Unternehmens einmal grundsätzlich entschieden haben. Im Geiste dieser Werthaltung werden BCfS generiert.

Allerdings verwenden manche Unternehmen die Matrix der Gemeinwohlbilanz dezidiert auch als Unternehmensentwicklungstool und erarbeiten hieraus BCfS. Dies ist besonders bei jenen Unternehmen der Fall, die sich schon bei Gründung des Unternehmens an der Wertorientierung der GWÖ ausgerichtet haben, bzw. die erst nachdem die GWÖ einen gewissen Bekanntheitsgrad erlangt hatte, gegründet wurden. In diesen Fällen wurde die Matrix als Ausgangspunkt herangezogen, um durch die (systematische) Behandlung und Abarbeitung der 17 Kriterien BCfS generieren zu können. In diesen Unternehmen ist auch der Konnex von BCfS und GWÖ/GWB stärker akzentuiert.

Die nachfolgende Tabelle gibt einen Überblick über die entsprechenden Treiber für BCfS und die Anzahl der jeweiligen Nennungen durch die Unternehmensvertreter.

Tabelle 4 Nennungen von Treibern für BCfS durch die einzelnen Unternehmen

Treiber für BCfS	Anzahl der Nennungen	Unternehmen
Effizienzsteigerung bzw. Kostenreduktion	4	Gugler, Sonnentor, Impact Hub
Reduktion von (Unternehmens-) Risiken	2	Polarstern, Sonnentor
Umsatz- und Margensteigerung	3	Ulenspiegel, Vaude, Grüne Erde
Steigerung der Unternehmensreputation und des Markenwertes	7	Gugler, Ulenspiegel, Sonnentor, Polarstern, Grüne Erde, Vaude, Impact Hub
Anziehungskraft auf (potenzielle) Mitarbeiter	5	Polarstern, Sonnentor, Vaude, Grüne Erde, Impact Hub
Innovationsfähigkeit	4	Ulenspiegel, Vaude, Sonnentor, Impact Hub München

4.4.1 Gemeinsamkeiten

In Kap. 2.6.3 wurden Formen des Corporate Sustainability Management beschrieben. Keines der befragten Unternehmen ist der Motivationssphäre des Zwangs zuzuordnen. Obwohl einzelne Unternehmen stärker ethisch motiviert zu sein scheinen als andere, sind doch alle Unternehmen der instrumentellen Motivationssphäre zuzuordnen. Weit überwiegend werden mit sozialen und ökologischen Maßnahmen auch ökonomische Gewinnerzielungsabsichten verfolgt, wenn auch zum Teil erhebliche normative Motivationen eine Rolle spielen. In diesem Zusammenhang ist auf die Übernahme des Betriebs des kommunalen Freibads in Obereisenbach durch Vaude oder die Sozialprojekte von Polarstern in Kambodscha oder auch die Sozial-Aktivitäten von Grüne Erde in deren Produktionsländern zu verweisen.

Da sämtliche Unternehmen jedoch mit Gewinnerzielungsabsicht operieren, spielen Produkte auf Basis der Triple-Bottom-Line (s. Kap. 2.6.2) die entscheidende Rolle.

Wie aus Tabelle 4 ersichtlich, wird der Treiber „Steigerung der Unternehmensreputation und des Markenwertes" von allen sieben befragten Unternehmen als Treiber genannt. In Kap. 2.6.4.2 wurde bereits darauf eingegangen, dass dieser Treiber den wesentlichsten Einflussfaktor für den Wettbewerbserfolg darstellt. Christian Merk von Ulenspiegel verdeutlicht diesen Sachverhalt, indem er den Entschluss, sich gemeinwohlbilanzieren zu lassen bis zu einem gewissen Grad als eine Frage des Marketings darstellt. Es wird zwar von einzelnen Unternehmen die eigene Marke als höherwertiger als die Marke der GWÖ eingeschätzt, doch dürfte hier eine gegenseitige Wechselwirkung nicht auszuschließen sein. Bereits am Markt etablierte Unternehmen strahlen auf die GWÖ ab, mit zunehmender Verbreitung und Bekanntheit der Marke „Gemeinwohlökonomie" dürfte diese jedoch auch in umgekehrte Richtung auf bereits etablierte Unternehmen rückwirken.

Die GWB als Vergleichsmittel mit anderen Gemeinwohlunternehmen wird überwiegend positiv beurteilt: Unternehmen wie Polarstern oder Impact Hub München meinen explizit, diese sei gut geeignet, um den Stellenwert des eigenen Unternehmens anhand eines Vergleiches mit den anderen Unternehmen der GWÖ zu bestimmen. Die Gemeinwohlbilanz ist zwar als Bericht recht komplex, aber die Reduktion auf die Matrix ergibt doch einen guten Überblick und eine kompakte Aussage. Durch den ausführlichen Bericht wird es auch möglich, die Vorgangsweise und Aktivitäten der anderen Unternehmen zu studieren und Lernerfahrungen dieser Vorreiter zu übernehmen. Innerhalb der GWÖ ist dadurch ein gewisses Innovationspotenzial allein schon deshalb vorhanden, weil Erfahrungen untereinander geteilt werden können. Der Weg zu einer kooperativen Wirtschaft ist auf diese Weise vorgespurt. Gegenseitige Unterstützung und Austausch von Erfahrungen geben die Gelegenheit, Bewährtes zu übernehmen und Fehler der anderen zu vermeiden.

4.4.2 Unterschiede

Die GWÖ wird von manchen Unternehmen als Ausdruck einer Zugehörigkeit zu einer Community betrachtet, in der untereinander Business getrieben wird (wenn auch oft nur im einstelligen Prozentbereich des Umsatzes wie bei Polarstern). Dies bezieht sich ebenso auf die Erschließung neuer Kundengruppen als auch auf die Auswahl von Lieferanten. In der Konsequenz ergibt sich daraus eine Orientierung an der gleichen Wertegemeinschaft hinsichtlich Kundenstamm, Lieferkette, Finanzierung und Dienstleistungen. Dies trifft eher auf die kleinen Unternehmen zu, die sich aufgrund ihrer Größe noch verstärkt auf die Nische der GWÖ-Unternehmen konzentrieren können. Größere Unternehmen können sich aufgrund ihres erweiterten Wirkungsradius nicht ausschließlich auf die Nische konzentrieren, ohne dadurch in für den Unternehmenserfolg nachteiliger Weise Kundenmarktsegmente oder Lieferanten zu verlieren bzw. von vorneherein auszuschließen.

Von den Unternehmensvertretern wird auch angegeben, dass die GWB als Mittel zur Kommunikation von Maßnahmen gesehen wird, welche im sozioökologischen Bereich gesetzt werden. Dennoch steht nicht so sehr die Kommunikation über Geleistetes im Vordergrund. Diese ist in der Diktion von Frau Fiedler von Vaude ein schönes Abfallprodukt nach dem Motto, „Tue Gutes und sprich darüber". Vielmehr wird die GWB bzw. die Befassung mit den Kriterien als Möglichkeit gesehen, die unternehmerischen Pflichtaufgaben umzusetzen. Zuerst ist sie demnach ein Mittel, die Punkte zu finden, die wesentlich sind, um nachhaltig wirtschaften zu können. Die Bilanz steht am Ende des Geschäftsprozesses, zunächst wird eruiert, welche Projekte entwickelt werden können und in der Bilanz wird darüber berichtet (Impact Hub).

Gür Gugler hingegen ist die GWB vor allem Berichterstattungsinstrument. Eine Entwicklung von Maßnahmen aus der Bilanz heraus wird dort nicht wahrgenommen. Die Bilanz ist dort vielmehr die Kommunikation vieler verschiedener Einzelmaßnahmen. Man könne als Unternehmen durchaus die Werte der Gemeinwohlökonomie leben und erfolgreich sein, man müsse aber nicht unbedingt einen formellen Gemeinwohlbericht verfassen und erspare sich dadurch einigen administrativen Aufwand (Gugler).

Sehr unterschiedlich wird die Verwendbarkeit der GWB als Unternehmensentwicklungstool gesehen. Während Unternehmen wie Polarstern und Impact Hub die GWB explizit zur systematischen Bearbeitung der Kriterien hinsichtlich ökosozialer Ansätze nutzen, verwenden andere Unternehmen diese lediglich eingeschränkt zur Weiterentwicklung. Bei Polarstern rechnet man damit, dass mit der eingehenden Befassung mit der Matrix der GWB noch einige Ansätze speziell in Unternehmensführung und -ausrichtung hervorkommen werden. Polarstern wird in die halbjährlichen Zielerreichungszeiträume aus der Matrix abgeleitete Maßnahmen einbauen, die beim jeweiligen Kriterium zu Punktesteigerungen in der GWB führen.

Die Differenzierung nach systematischer Verwendung der GWB zur Erarbeitung von BCfS verläuft dabei entlang junger Unternehmen einerseits und langjährig etablierter Betriebe andererseits. Bei Vaude glaubt man, dass es davon abhängt, in welchem Stadium sich ein Unternehmen befindet. Vaude war bereits mitten in der Transformation hin zu einem nachhaltig agierenden Unternehmen, als man in die GWÖ eingestiegen war. In diesem Fall durchdringen sich Unternehmensphilosophie und die daraus resultierenden Entscheidungen aufgrund der Deckungsgleichheit mit den Ansichten der GWÖ mit eben dieser. Die Projekte haben hierbei viele Väter. Auch bei Ulenspiegel sind die direkten Auswirkungen der GWB nicht so stark, denn die ökologischen Themen, die Unternehmensprofit bringen, wurden schon länger im Haus entwickelt. Diese wurden durch andere Instrumente, wie die Zertifizierung nach dem EMAS-Umweltmanagementsystem angestoßen.

Es wird jedoch vermutet, dass es ganz andere Auswirkungen auf die Verwendung der GWB als Entwicklungsinstrument haben kann, wenn ein Unternehmen noch konventionell wirtschaftet und umsteigen will (Vaude). Andererseits haben gerade junge, erst wenige Jahre am Markt agierende Unternehmen die GWB sehr wohl als Instrument zur systematischen Erarbeitung von BCfS für sich erkannt.

Es zeigt sich also ein gravierender Unterschied hinsichtlich des Zeitpunkts der Einführung der GWÖ im Unternehmen. Jene, die bereits aktiv waren, als die Idee der GWÖ noch nicht lanciert war, traten der GWÖ aufgrund der hohen Konsistenz der jeweiligen Wertvorstellungen bei, adaptierten die GWB jedoch nicht oder nicht explizit als Instrument für die Entwicklung von BCfS. Für diese sind BCfS Produkte ihrer ohnehin seit Jahren etablierten und gelebten Unternehmenspraxis. Die GWB wird in diesem Zusammenhang als eine Ursache für BCfS gewertet, ohne dass Klarheit darüber besteht, welchen Anteil die GWB hierbei tatsächlich hat.

Dies trifft auf sämtliche Treiber mit Ausnahme des Treibers „Steigerung der Unternehmensreputation" zu. In diesem Fall wird die GWÖ bzw. die GWB unterschiedslos von allen Unternehmen zur Steigerung des Markenwertes als nachhaltig am Markt auftretendes Unternehmen eingesetzt.

Hingegen verwenden Unternehmen, welche erst seit wenigen Jahren am Markt auftreten, die GWB sehr wohl zur systematischen Generierung von BCfS. Diese haben sich im Vorfeld der Unternehmensgründung an den Kriterien der GWB orientiert, um ihre Geschäftsfelder auf ökosoziale Maßnahmen hin zu überprüfen. Am Beginn stand die Auseinandersetzung mit der GWB, aus der BCfS erarbeitet wurden. Diese Unternehmen nutzen auch weiterhin die GWB systematisch zu diesem Zweck.

Ein besonderer Aspekt besteht darin, dass die Wertigkeit der Dimension der ökologischen Nachhaltigkeit (Kriterien D3 und E3 in der Bilanz) im Vergleich zu sozialen und (unternehmens-) demokratischen Themen (Kriterien C1, C2, C4, C5, D4, E3, E4 in der Bilanz) von manchen Unternehmensvertretern als in der GWB zu wenig stark repräsentiert eingeschätzt wird. Demokratie in Unternehmen (Mitbestimmung der Belegschaft bei Gehaltsstruktur oder auch Besetzung von Führungsstellen) wird hingegen von den Unternehmen häufig besonders kritisch gesehen.

Bei Grüne Erde steht an erster Stelle eindeutig der ökologische Produktaspekt, aber auch Regionalität ist wichtig. Die Wertschöpfung soll in der Region bleiben, in der produziert wird Österreich und Europa). Es werden zwar dort auch soziale Projekte, meist Frauenprojekte gefördert. Für Grüne Erde ist eine größere Ausgewogenheit zwischen ökologischen und sozialen Bewertungsfaktoren in der Gemeinwohlbilanz anzustreben.

Als definitiv notwendig wird die Langfristigkeit der eingeleiteten Maßnahmen bzw. BCfS erachtet. Jakob Assmann vom Impact Hub München hebt hervor, dass die Bewertung, ob ein Produkt erfolgreich ist oder wegen Erfolglosigkeit abgesetzt wird, nicht schon nach wenigen Monaten gefällt werden kann (zur Erfordernis von langfristigem Denken vgl. Kap. 2.6.1).

5 Diskussion

5.1 Unternehmenswerte

Es ist naheliegend, dass die von der GWÖ propagierten Werte sich in ähnlicher oder gleicher Form in den Unternehmen der GWÖ widerspiegeln. Es gäbe ja auch sonst wenig Anreiz, der GWÖ beizutreten, da staatlicherseits gewährte monetäre Vorteile keine Rolle spielen. Insofern kann von einer Werte- und Interessengemeinschaft die Rede sein. Gleichgesinnte schließen sich zusammen, um ihre Auffassung eines Wirtschaftswesens, das sich in seiner Zwecksetzung von den klassischen Wirtschaftsunternehmen unterscheidet, klar zum Ausdruck zu bringen und eine Nische zu bilden. In dieser Nische können manche Unternehmen gut gedeihen, wenngleich deutlich wird, dass es einer intrinsischen Motivation meist der Unternehmensgründer bedarf, um sich einer gemeinwohlorientierten Firmenphilosophie zu verschreiben.

Die Vertreter der GWÖ bzw. die Gemeinwohlökonomiebewegung als solche lässt sich wohl am treffendsten dem Ulrich'schen Entwurf einer Unternehmensethik (vgl. Kap. 2.4.4) zuordnen. Der zweistufige Ansatz einer Individualethik im Geschäftsleben und einer republikanischen Unternehmensethik im Sinne eines ordoliberalen Engagements für Ziele des Gemeinwohls anstelle des Einzelwohls stimmt mit den Zielen der GWÖ weitgehend überein. Die GWÖ würde wohl taxfrei das Ulrich'sche Postulat unterschreiben, wonach die Bürgerfreiheit höher zu bewerten sei denn die Freiheit des Marktes oder der Administration.

Die Erstellung der Gemeinwohlbilanz übt in diesem Sinne einen deutlichen Bewusstwerdungsprozess auf der Basis der expliziten Werte, denen sich das Unternehmen verpflichtet weiß, aus. Letztlich geht es um die mittelbare Bewusstwerdung der Fragen, die die Gemeinwohlbilanz stellt. Dies wird von einigen Unternehmensvertretern als positiv empfunden. Sie finden, dass die Kriterien der Gemeinwohlbilanz die richtigen Fragen stellen, und meinen, dass die Breitenwirkung der

GWÖ langsam an Gewicht gewinnen wird und die Bewusstwerdung zentraler Fragen, die die Gesellschaft betreffen, verstärkt in den Vordergrund tritt.

Der Beweggrund für das unternehmerische Tun ist es, einen positiven Mehrwert durch das jeweilige Wirtschaften zu erzielen. Einen positiven Mehrwert für die Kunden durch die Produkte, aber auch für die Gesellschaft, weil die Unternehmen gute Arbeitgeber sind, weil sie sich engagieren und einen Mehrwert für die Umwelt schaffen. Weil die Unternehmen eben so wirtschaften, dass sie der Umwelt keinen Schaden zufügen und im besten Fall, dass sie erhalten bleibt und zwar in der gesamten Lieferkette.

Der Nachweis, dass durch explizit nachhaltige Unternehmenswerte ein Wirtschaften im Sinne der Triple-Bottom-Line möglich ist, wurde durch die angefragten Unternehmen hinlänglich bewiesen. Dass die GWÖ nicht als der einzig zukunftsweisende Pfad gesehen wird, wurde jedoch ebenso deutlich. Letztlich bedeutet der Beitritt zur GWÖ einen Gewinn für beide Seiten. Die Unternehmen der GWÖ profitieren von einer gesteigerten Reputation am Markt, was gleichlautend auch für die GWÖ selbst gilt. Jedes Unternehmen, welches die GWÖ unterstützt, stärkt deren Anliegen im Sinne der republikanischen Unternehmensethik nach Ulrich.

Zu fragen bleibt indes, ob die Bestrebungen einer verstärkt (immateriell) wertgebundenen Unternehmensphilosophie, aus der Nische herauszutreten und Breitenwirkung zu erlangen, auf mittlere Sicht Früchte tragen kann. Derzeit scheint es eher wahrscheinlich, dass die GWÖ ihr Nischendasein beibehält, da ihre Attraktivität gerade darin begründet zu sein scheint, das Andersgeartete, den Gegenentwurf darzustellen. Sollten sich sehr viele Unternehmen zur GWÖ bekennen, so käme – wie zu vermuten ist – der gegenwärtige Vorteil einer gesteigerten Marktreputation sukzessive zum Erliegen. Dies würde sich wohl aus heutiger Sicht nur dann ändern, wenn zu den immateriellen Aspekten weitere handfeste Vorteile im Ordnungsrecht, wie z.B. Steuererleichterungen, zum Tragen kämen.

5.2 Die Gemeinwohlökonomie in den Unternehmen

In jenen Unternehmen, welche schon seit vielen Jahren – teilweise seit Unternehmensgründung – Werte vertraten, welche jenen der GWÖ nahestehen, ist die GWÖ/GWB auch ein Mittel zum Ausdruck der bereits gesetzten Maßnahmen. Diese Unternehmen bewerten die GWB in höherem Ausmaß als Kommunikationsmittel, um über Maßnahmen den Stakeholdern zu berichten. Doch auch diese Unternehmen gaben an, aus der GWB Vorteile für die Ermittlung von BCfS zu generieren.

Wie in Kapitel 4.4.2 bereits dargelegt, unterscheiden sich die Unternehmen hinsichtlich der Ursache ihres Beitritts zur Gemeinwohlökonomie danach, ob sich das Unternehmen bereits in der Vergangenheit auf dem Pfad der Gemeinwohlorientierung befunden hatte und sich aufgrund einer hohen Wertekongruenz für die Erstellung einer Gemeinwohlbilanz entschied oder ob die Gemeinwohlökonomie als „Geburtshelfer" und Ideengeber für ein eben gegründetes Unternehmen fungierte.

Als gemeinsame Klammer fungiert jedoch in beiden Fällen die weitgehende Übereinstimmung mit den Werten der GWÖ, wenngleich unter dem Strich immer auch die Frage nach den kommerziellen Vorteilen dieser Form der Werteorientierung gestellt wird.

Wenn auch der Begriff des Gemeinwohls nicht abschließend definiert ist (s. Kap. 2.1.1), und Christian Felber in seinen Publikationen ebenfalls darauf verweist, dass er der demokratischen Willensbildung hinsichtlich dessen, was das Gemeinwohl denn nun sei, höchste Priorität einräumt, so lassen die Aussagen der Unternehmen, die sich einer solchen Begrifflichkeit verpflichtet sehen, doch folgende grundlegenden Schlüsse zu:

- Gemeinwohl lässt über den Tellerrand des eigenen Unternehmens hinausdenken (Stakeholderorientierung anstelle von Shareholderorientierung, vgl. Kap. 2.1.1)
- Es „denkt" nicht nur in der Ich-Form, sondern erkennt ein „Wir" oder „Ihr" (individuelles Wohl tritt hinter jenes der Gemeinschaft zurück, vgl. Kap. 2.3.2)
- Es umfasst jedenfalls die drei Dimensionen der Nachhaltigkeit im Sinne der Triple-Bottom-Line (der Triple Win Gedanke ist handlungsleitend, vgl. Kap. 2.6.2)

- Es umfasst eine (meist Selbst-)Verpflichtung über die reine Profitmaximierung hinaus (normative und instrumentelle Motivationssphäre, vgl. Kap. 2.6.3)
- Es bedarf darüber hinaus jedoch auch einer mentalen und emotionalen Verankerung, welche Transformation als gesellschaftliche Notwendigkeit anerkennt (Wirtschaften mit dem Menschen und der Natur, nicht gegen Mensch und Natur, vgl. Kap. 2.4.2)
- Es kann als Versuch gewertet werden, die Wirtschaft der Gesellschaft wiedereinzubetten (nicht der Mensch lebt für die Wirtschaft, sondern die Wirtschaft dient dem guten Leben des Menschen, vgl. Kap.2.3.5)
- Gemeinwohl ist Teil eines nachhaltigen, zukunftsfähigen Narrativs, welches sich die Gesellschaft über sich selbst erzählt (Zukunft schaffen anstelle von Zukunftsvergessenheit, vgl. Kap 1.1).

5.3 Business Cases for Sustainability in Unternehmen

Der Zweck eines Unternehmens ist es nicht, Gewinne oder eine Wertsteigerung zu erzielen. Diese monetären Größen sind lediglich Resultate und gegebenenfalls auch Maßstäbe eines erfolgreichen Handelns. Unternehmen existieren in erster Linie, um dem Kunden und der Gesellschaft einen Nutzen zu stiften. Je besser der Nutzen erfüllt wird, desto höher kann der Preis der Produkte sein. Desto eher ist das Unternehmen in der Lage, die für eine langfristige Existenzsicherung erforderlichen Gewinne zu erzielen (Colsman, 2016, 26).

Auch dieses Credo findet sich bei den interviewten Gemeinwohlunternehmen – in unterschiedlich starker Ausprägung – wieder. Der Treiber „Umsatz- und Margensteigerung“ wurde von drei der sieben Unternehmen positiv beantwortet. Aber gerade der von allen befragten Unternehmen genannte Treiber für BCfS, die Marktreputation der Unternehmen, passt sehr gut in die oben getätigte Aussage. Steigt die Reputation, weil die Kunden einen gesteigerten Nutzen für sich aus den Produkten des jeweiligen Unternehmens erkennen, so kann möglicherweise eine erhöhte Zahlungsbereitschaft der Kunden abgeleitet werden.

Bei Vaude sind viele Systeme (EMAS, Fair Wair Foundation) etabliert, welche Anlass für die Erstellung von BCfS sein können. Die Ideen entstehen durch die Zusammenarbeit mit verschiedensten Institutionen. Insofern ist die Abfrage des Innovationsprozesses in dieser Arbeit zumindest nicht abschließend durchgeführt. Es lässt sich vermuten, dass Innovationen auf eine Vielzahl von Entstehungspfaden zurückzuführen sind. Die Zahl der involvierten Institutionen scheint hier eine nicht unerhebliche Rolle zu spielen, da sie als Inkubatoren für neue Ideen fungieren können. Die Zurückführung auf die GWB als alleiniges Instrument ist nicht zielführend. Hinsichtlich Innovation kann die GWB ein Instrument sein, wenn sie systematisch, z.B. als Unternehmensentwicklungstool, genutzt wird. Es empfiehlt sich indes, nicht nur auf die GWB als Treiber für Innovation zu setzen, sondern den Prozess breiter aufzusetzen.

Manche Unternehmen nutzen die GWB explizit als Tool für Unternehmensentwicklung. Polarstern etwa meint, dass dies sowohl auf sich entwickelnde Unternehmen zutrifft als auch auf Start-Ups, wo viele Unwägbarkeiten auf die Unternehmensgründung warten. Gerade bei letzteren kann die Befassung mit der Matrix dazu führen, zu erkennen, wo andere Unternehmen einen Dienstleistungsbedarf haben. Das kann also zu Geschäftsmodellen führen, die man ohne die Beschäftigung mit der Matrix nicht gefunden hätte. Und wenn die Gemeinwohlnische weiter wachsen sollte, können Ansätze, z.B. Dienstleistungen gefunden werden, die gerade für Gemeinwohlunternehmen einen Mehrwert bieten.

Ein ökonomischer Selbstläufer ist die Gemeinwohlökonomie hingegen nicht. Das eingangs vermutete verstärkte Attrahierungspotenzial im ökonomischen Sinn für noch nicht der Gemeinwohlwirtschaft zugehörige Unternehmen kann der Autor aus den Unternehmensbefragungen nicht ableiten. Eine aufgrund des ökonomischen Potenzials der GWÖ entstehende selbstverstärkende Aufwärtsspirale ist nicht feststellbar. Eher zutreffend ist die Möglichkeit zur Distinktion von Gemeinwohlunternehmen gegenüber Wettbewerbern, die nicht oder weniger nachhaltig am Markt auftreten.

Hier nun ist die eingangs gestellte Forschungsfrage zu beantworten. Die Frage lautete:

Inwieweit lässt sich die einer ethischen Werten verpflichtete Gemeinwohlbilanz als Grundlage für die systematische Erarbeitung von Business Cases for Sustainability heranziehen?

Eine eindeutige Antwort lässt sich nicht geben. Zwar beantworten die meisten der untersuchten Unternehmen die Frage nach den unternehmensintern wie auch -extern gelebten Werten eindeutig im Sinne der Gemeinwohlökonomie (vgl. Kap. 4.1).

Die Erstellung der Gemeinwohlbilanz ist Ausdruck der gelebten und nach außen dokumentierten Zugehörigkeit des Unternehmens zu den Zielen und Werten der Gemeinwohlökonomie. Insofern basiert die Erstellung der GWB tatsächlich auf den im jeweiligen Unternehmen etablierten Werten. Felbers Ausführungen zur Gemeinwohlökonomie lassen überdies vermuten, dass er als wichtigster Proponent des Vereines auch die Wertedebatte im Sinne eines „Enlivenment", einer holistischen Weltsicht (vgl. Kap. 2.4.2) teilt. Inwieweit die interviewten Unternehmen sich der Sichtweise eines neuen Verständnisses von „Welt" anschließen können, bleibt Spekulation. Dass bestimmte humanistische Werte eine bedeutende Rolle in den Unternehmen spielen, belegen die Interviews.

Der Prozess der Erstellung von BCfS wird von einigen Unternehmen jedoch nicht ausdrücklich und unzweideutig auf die Tatsache des Umstandes, der Gemeinwohlökonomie zugehörig zu sein und eine Gemeinwohlbilanz zu erstellen, zurückgeführt. Oftmals erntete der Autor eine gewisse Ratlosigkeit der Interviewten auf die Frage, ob aus der Erstellung der GWB auch BCfS abgeleitet werden können. Hier spielt wieder die generelle Dynamik des Beitritts zur GWÖ eine nicht unbedeutende Rolle. Unternehmen, die bereits viele Jahrzehnte am Markt etabliert sind, antworteten meist, dass die GWÖ ihren Anteil bei der Erarbeitung von BCfS habe, jedoch eine Vielzahl von Ursachen angeführt werden müssten, die zu den konkreten BCfS führten. Die langjährig etablierten Unternehmensprozesse und der Prozess der Erstellung der GWB durchdringen einander, sind miteinander verflochten, eine eindeutige Ursache-Wirkungsbeziehung somit schwer feststellbar. Letztlich legte sich dennoch jedes Unternehmen auf bestimmte BCfS fest, welche durch den Prozess der GWB-Erstellung zumindest mitverursacht wurden.

Anders jene Unternehmen, welche die GWÖ als Ausgangspunkt ihrer Geschäftsgründung verwendeten. Hier wurde darauf hingewiesen, die GWB systematisch zur Erstellung von BCfS zu verwenden. In diesen Fällen konnte festgestellt werden, dass eine verstärkte Kausalität zwischen GWÖ/GWB und der systematischen Erarbeitung von BCfS besteht. In der abschließenden Bewertung neigt der Autor zu der Ansicht, dass diese Unternehmen einen etwas höheren Anteil der normativen Motivationssphäre aufweisen, während Unternehmen mit längerer Marktpräsenz eher der instrumentellen Motivationssphäre zuzuordnen sind.

Die Forschungsfrage lässt sich somit dadurch beantworten, dass es möglich und gelebte Praxis ist, durch die Erstellung der werteorientierten Gemeinwohlbilanz systematisch BCfS zu generieren. Die Genese der Zugehörigkeit zur GWÖ scheint indes insofern eine Rolle zu spielen, dass der Prozess der Bearbeitung der in der GWB gestellten Fragen von jenen Unternehmen mit einem bewussteren Fokus auf die Erarbeitung von BCfS durchgeführt wird, welche die GWÖ bereits bei ihrer Gründung als integrierten Bestandteil ihrer Unternehmensphilosophie betrachteten und die ihre Wertvorstellungen an jenen der GWÖ ausrichteten.

Aufgrund der vermuteten Zusammenhänge zwischen Gemeinwohlökonomie und der Erarbeitung von Business Cases for Sustainability könnte in Anlehnung an Binswangers (vgl. Kap. 2.3.3) Wachstumsspirale eine Gemeinwohlspirale erwachsen, in der das Gemeinwohl durch wirtschaftlichen Erfolg der gemeinwohlorientierten Unternehmen immer weiter genährt werden könnte. Die Gemeinwohlspirale wäre demgegenüber jedoch nicht auf die externe Zufuhr von Naturressourcen und Kapital angewiesen, sondern – wie vermutet werden darf – auf gesetzliche Rahmenbedingungen, welche immaterielle Güter, diesfalls Individual-, Unternehmens- und Gesellschaftsethik wachsen ließe. Die Spielanordnung für eine Gemeinwohlspirale müsste jedoch entscheidend geändert werden und in Richtung einer Einbettung der Wirtschaft in die Gesellschaft transformiert werden (vgl. Kap. 2.3.4). Die Spielanordnung müsste beispielsweise den Finanzkapitalismus zähmen und für Rahmenbedingungen sorgen, um Kooperation systematisch zu begünstigen und Trittbrettfahrertum oder egoistische Maximierung von Einzelinteressen wirkungsvoll zu unterbinden (vgl. Kap. 2.4.3 und 2.4.4).

Ein geeignetes Narrativ, um diesen gesellschaftlichen Übergang zu bewerkstelligen, muss indes noch geschaffen werden (vgl. Kap. 1). Möge die Idee der Gemeinwohlökonomie – wie immer man im Detail zu ihr steht – einen Mosaikstein auf dem Weg zur Schaffung dieses Narrativs beitragen.

6 Zusammenfassung und Ausblick

Der theoretische Teil der Arbeit befasste sich mit grundlegenden Aspekten der Nachhaltigkeitskrise, welche von vielen Autoren als solche benannt wird. Es war die Absicht, individuelle, unternehmerische und gesellschaftliche Werthaltungen vorzustellen, welche als Begründung für und Wege in diese große Krise der Gegenwart herangezogen werden können.

Strenge Orientierung am Rationalitätskalkül trägt wesentlichen Anteil an den krisenhaften Erscheinungen unserer Zeit. Das Modell des Homo oeconomicus hat gemäß seinen eigenen Rationalitätsprämissen die Seele des wirtschaftenden Menschen auf höchst effiziente Weise entsorgt. Der Homo oeconomicus ist definitiv überholt und unzeitgemäß. Er eignete sich hervorragend für mit mathematischer Präzision erstellte und idealisierte Prognosen. Er ist jedoch außerstande, den wirtschaftenden Menschen in seiner gelebten Vielschichtigkeit abzubilden.

Es war weiter das Ziel, Werthaltungen aufzuzeigen, welche einen Beitrag zur Überwindung der Krisen leisten könnten. Werthaltungen auf individueller, unternehmerischer und gesellschaftlicher Ebene, auf deren Basis eine große Transformation der Gesellschaft hin zur nachhaltigen, zukunftssicheren Entwicklung voranschreiten könnte.

Die Wissenschaften befassen sich bereits mit einer anderen als ausschließlich rationalen Weltsicht. Lösungsmöglichkeiten könnten in einer Ergänzung der rationalen Weltsicht durch eine Hinwendung zur Lebendigkeit bestehen. Die Debatte um Humanität und Werte in der Wirtschaft sollte davon nur profitieren. Das Ziel ist klar: wir können und müssen uns die entschwundene Seele wieder aneignen.

Aus der Vielzahl von alternativen Wirtschafts- und Gesellschaftsmodellen griff der Autor die Gemeinwohlökonomie heraus, die sich explizit einem Wirtschaften auf der Grundlage von humanistischen Wertvorstellungen verschrieben hat, um mit Mensch und Natur zu wirtschaften anstatt gegen sie.

Es war die Frage zu beantworten, ob ein solcherart verfasstes Wirtschaftsmodell für die unter seinen Prämissen agierenden Unternehmen die Möglichkeit bietet, Business Cases for Sustainability zu generieren.

Der Autor kommt infolge der Befragung ausgewählter Unternehmen und der Auswertung der gegebenen Antworten zu dem Schluss, dass es möglich ist, auf der Basis einer humanistischen Gesinnung Business Cases for Sustainability zu erarbeiten. Die zuvorderst genannten Gesinnungen und Werte sind ökologische Nachhaltigkeit, Kooperation, Zukunftsorientierung, Vertrauen und Selbstbestimmung. Ein anderes als das konventionelle Wirtschaften ist langfristig erfolgreich möglich, dafür geben die interviewten Unternehmen ein Beispiel.

Dabei könnte es einen Unterschied bedeuten, wann das jeweilige Unternehmen der GWÖ beigetreten ist. Junge Unternehmen, deren Wertesystem entscheidend von den Prämissen der GWÖ geprägt wurden und in deren unternehmerische DNA einfloss, scheinen erhöhte Anteile der normativen (ethisch-philanthropischen) Motivationssphäre aufzuweisen, während langjährig etablierte Unternehmen mehr der instrumentellen Motivationssphäre zuzurechnen sein dürften. Hinsichtlich der Erstellung von BCfS spielt dies insofern eine Rolle, als erstere Unternehmen die Gemeinwohlbilanz verstärkt als systemisches Instrument zur Erstellung von BCfS verwenden. Bei letzteren erscheinen die BCfS eher als Ausdruck der in der Unternehmenskultur gelebten Werte des Unternehmens.

Aufgrund der Erstellung dieser Arbeit vermutet der Autor, dass die Wertorientierung eines Unternehmens den entscheidenden Ausschlag geben könnte, der als Motivationsfaktor für die Erarbeitung für BCfS ins Feld geführt werden kann. Die interviewten Unternehmen bezeichnen sich durchwegs als gemeinwohlsinnig und an einem langfristig auskömmlichen Wirtschaften auf diesem Planeten interessiert. Ihnen geht es darum, aufgrund von unternehmerischen Aktivitäten einen Beitrag zu leisten, um die Welt lebenswerter und enkeltauglicher zu gestalten, dabei jedoch den Bestand des Unternehmens nicht durch ökonomisch nicht-nachhaltige Projekte zu gefährden. Die Transformation der Gesellschaft wird in diesen Unternehmen bereits gelebt.

Eine Ausrichtung an humanistischen Werten als Grundlage der Unternehmensphilosophie vorzunehmen könnte jenen entscheidenden Unterschied zu konventionell tätigen Unternehmen bezeichnen. Die Motivation zur Erarbeitung von BCfS, so die Vermutung des Autors, würde ohne die Verankerung des jeweiligen Unternehmens in diesen Werten wesentlich schwerer fallen.

Eine Transformation in Richtung Einbettung der Wirtschaft in die Gesellschaft innerhalb des marktwirtschaftlichen Systems wird in den untersuchten Unternehmen zu leben versucht. In diesem Sinn bilden die Gemeinwohlunternehmen möglicherweise einen Teil jener (unternehmerischen) Nischen, die quer durch die Branchen verteilt die Vorreiter der erforderlichen gesellschaftlichen Transformation darstellen.

Vertiefend zu untersuchen bleibt indes, aufgrund welcher Motivationsgrundlagen und Werthaltungen Unternehmen, welche sich der Nachhaltigkeit verschrieben haben und nicht der Gemeinwohlökonomie (vgl. Kap. 2.4.5) zugehörig fühlen, tätig sind. Die Durchführung einer vergleichenden Studie zwischen nachhaltig engagierten Unternehmen hinsichtlich der Machbarkeit der Erarbeitung von BCfS und des motivatorischen Stellenwertes der jeweiligen Firmenwerte scheint dem Autor ein interessantes Forschungsfeld zu sein.

7 Literaturverzeichnis

Ahrend, Klaus-Michael (2016): Geschäftsmodell Nachhaltigkeit. Ökologische und soziale Innovationen als unternehmerische Chance. Berlin, Heidelberg: Gabler. Online verfügbar unter http://dx.doi.org/10.1007/978-3-662-52880-8, zuletzt geprüft am 10.7.2017.

Baur, Nina; Blasius, Jörg (Hg.) (2014): Handbuch Methoden der empirischen Sozialforschung. Wiesbaden: Springer VS.

Baur, Nina; Blasius, Jörg (2014): Methoden der empirischen Sozialforschung. Ein Überblick. In: Nina Baur und Jörg Blasius (Hg.): Handbuch Methoden der empirischen Sozialforschung. Wiesbaden: Springer VS, S. 41–65.

Beckmann, Markus; Schaltegger, Stefan (2014): Unternehmerische Nachhaltigkeit. In: Harald Heinrichs und Gerd Michelsen (Hg.): Nachhaltigkeitswissenschaften. Berlin, Heidelberg: Springer Berlin Heidelberg, S. 321–367.

Behrent, Michael C. (2016): Karl Polanyi and the Reality of Society. In: History and Theory 55 (3), S. 433–451.

Binswanger, Hans Christoph (2013): Die Wachstumsspirale: Geld, Energie, Imagination in der Dynamik des Wachstumsprozesses. In: Holger Rogall (Hg.): … Im Brennpunkt: Wachstum. 2., korrigierte Aufl. Marburg: Metropolis-Verl. (Jahrbuch Nachhaltige Ökonomie, 1.2011/2012), S. 109–122.

Blessin, Bernd; Wick, Alexander (2014): Führen und führen lassen. Ansätze, Ergebnisse und Kritik der Führungsforschung. 7., vollst. überarb. Aufl. Konstanz: UVK-Verl.-Ges (utb-studi-e-book, 8532). Online verfügbar unter http://www.utb-studi-e-book.de/9783838585321, zuletzt geprüft am 23.9.2017.

Blom, Philipp (2017): Was auf dem Spiel steht. München: Carl Hanser Verlag.

Boff, Leonardo (2010): Die Erde ist uns anvertraut. Eine ökologische Spiritualität. Kevelaer: Butzon & Bercker.

Brand, Ulrich; Wissen, Markus (2017): Imperiale Lebensweise. Zur Ausbeutung von Mensch und Natur in Zeiten des globalen Kapitalismus. München: oekom verlag.

Brie, Michael (2015): Polanyi neu entdecken. Das hellblaue Bändchen zu einem möglichen Dialog von Nancy Fraser und Karl Polanyi. Unter Mitarbeit von Karl Polanyi, Kari Polanyi-Levitt und Nancy Fraser. 1. Aufl. Hamburg: VSA (Beiträge zur kritischen Transformationsforschung des Instituts für Gesellschaftsanalyse der Rosa-Luxemburg-Stiftung, 1).

Bundesministerium für Land- und Forstwirtschaft, Umwelt und Wasserwirtschaft (2016): Zukunftsdossier 6_ Wachstumsgrenzen. Die Postwachstumsdebatte in der aktuellen Fachliteratur. In: *Wachstum im Wandel*.

Bundesministerium für Land- und Forstwirtschaft, Umwelt und Wasserwirtschaft (2012): Zukunftsdossier 3. Alternative Wirtschafts- und Gesellschaftskonzepte. In: *Wachstum im Wandel*.

Busch Timo (2012): Triggering the Business Case for Sustainability Management: Fom Short-Term Profits to Long-Term Value Creation. DSF Policy Paper, No. 32. Online verfügbar unter http://www.dsf.nl/wp-content/uploads/2014/10/DSF-Policy-Paper-No-32-Triggering-the-Business-Case-for-Sustainability-Management.pdf, zuletzt geprüft am 5.6.2017.

Colsman, Bernhard (Hg.) (2016): Nachhaltigkeitscontrolling. Wiesbaden: Springer Fachmedien Wiesbaden.

Crutzen, Paul J. (2002): Geology of Mankind. In: *Nature* (415), S. 23.

Daly, Herman E.: Die Gefahren des freien Handels. In: Weizsäcker (Hg.) 1995 – Mensch, Umwelt, Wirtschaft, S. 72–78.

Deutscher Bundestag (1949): Grundgesetz für die Bundesrepublik Deutschland. Online verfügbar unter https://www.bundestag.de/parlament/aufgaben/rechtsgrundlagen/grundgesetz/gg/245216, zuletzt geprüft am 10.10.2017.

Deutscher Bundestag (2013): Enquete-Kommission, Wachstum, Wohlstand, Lebensqualität (Schlussbericht). Wege zu nachhaltigem Wirtschaften und gesellschaftlichem Fortschritt in der sozialen Marktwirtschaft des 17. Deutschen Bundestages. Online verfügbar unter http://dip21.bundestag.de/dip21/btd/17/133/1713300.pdf, zuletzt geprüft am 15.7.2017.

Diamond, Jared; Vogel, Sebastian (2011): Kollaps. Warum Gesellschaften überleben oder untergehen; [erweitert um ein großes Kapitel über Angkor Wat]. Erw. Neuausg. Frankfurt am Main: Fischer-Taschenbuch-Verl. (Fischer-Taschenbücher, 19258).

Dietzfelbinger, Daniel (2015): Praxisleitfaden Unternehmensethik. Kennzahlen, Instrumente, Handlungsempfehlungen. 2. Aufl. Wiesbaden: Gabler Verlag. Online verfügbar unter http://dx.doi.org/10.1007/978-3-8349-4711-6, zuletzt geprüft am 2.8.2017.

Dyllick, Thomas; Hockerts, Kai (2002): Beyond the business case for corporate sustainability. In: *Bus. Strat. Env.* 11 (2), S. 130–141.

Elkington, John (1994): Towards the Sustainable Corporation. Win-Win-Win Business Strategies for Sustainable Development. In: *California Management Review* 36 (2), S. 90–100.

Elkington, John (1998): ACCOUNTING FOR THE TRIPLE BOTTOM LINE. In: *Measuring Business Excellence* 2 (3), S. 18–22.

Felber, Christian (2008): Neue Werte für die Wirtschaft. Eine Alternative zu Kommunismus und Kapitalismus. Wien: Deuticke im Paul Zsolnay Verl.

Felber, Christian; Guptara, Clemens (2014): Geld. Die neuen Spielregeln. Wien: Deuticke im Paul Zsolnay Verl.

Felber, Christian (2016): Die Gemeinwohl-Ökonomie. 1. Auflage, ungekürzte Ausgabe. München: HEYRAverlag.

Flick, Uwe (2014): Gütekriterien qualitativer Sozialforschung. In: Nina Baur und Jörg Blasius (Hg.): Handbuch Methoden der empirischen Sozialforschung. Wiesbaden: Springer VS, S. 411–424.

Flick, Uwe; Kardorff, Ernst von; Steinke, Ines (2004): A companion to qualitative research. London: Sage. Online verfügbar unter http://site.ebrary.com/lib/alltitles/docDetail.action?docID=10256807, zuletzt geprüft am 9.9.2017.

Frank, Gerhard (2018): Zukunft schaffen. Vom guten Erleben als Werkzeug des Wandels. München: Libreka GmbH; oekom verlag.

Franziskus (2015): Enzyklika Laudato si'. Über die Sorge für das gemeinsame Haus ; mit Themenschlüssel ; [die Umwelt-Enzyklika mit Einführung und Themenschlüssel]. Stuttgart: kbw Bibelwerk.

Fromm, Erich (2014): Haben oder Sein. Die seelischen Grundlagen einer neuen Gesellschaft. To Have Or to Be? Hg. v. Rainer Funk. München: Edition Erich Fromm.

Göpel, Maja; Remig, Moritz (2014): Mastermind of System Change. Karl Polanyi and the "Great Transformation" Vordenker einer nachhaltigen Gesellschaft. Karl Polanyi und die „Große Transformation". In: *GAIA – Ecological Perspectives for Science and Society* 23 (1), S. 70–72.

Grüne Erde Beteiligungs GmbH (2015): Gemeinwohlbericht. Geschäftsjahr 2014/15. Online verfügbar unter https://www.grueneerde.com/media/PDF/data/.fhpPRBuV/PDF-124.pdf, zuletzt geprüft am 02.03.2018.

Hank, Rainer (2014): Der entfesselte Kapitalismus. Karl Polanyi. Hg. v. Frankfurter Allgemeine Zeitung. Online verfügbar unter http://www.faz.net/aktuell/wirtschaft/wirtschaftswissen/die-weltverbesserer/karl-polanyi-der-entfesselte-kapitalismus-13113650.html, zuletzt geprüft am 29.09.2017.

Heinrichs, Harald; Michelsen, Gerd (Hg.) (2014): Nachhaltigkeitswissenschaften. Berlin, Heidelberg: Springer Berlin Heidelberg.

Helfferich, Cornelia (2014): Leitfaden- und Experteninterviews. In: Nina Baur und Jörg Blasius (Hg.): Handbuch Methoden der empirischen Sozialforschung. Wiesbaden: Springer VS, S. 559–574.

Helfrich, Silke; Bollier, David (Hg.) (2015): Die Welt der Commons. Muster gemeinsamen Handelns. Heinrich Böll Stiftung; Transcript GbR. 1. Auflage. Bielefeld: transcript (Sozialtheorie). Online verfügbar unter http://dx.doi.org/10.14361/9783839432457, zuletzt geprüft am 24.5.2017.

Herrmann, Ulrike (2015): Über das Ende des Kapitalismus. In: *Le Monde diplomatique* 21 (04), S. 3.

Hockerts, Kai (2015): A Cognitive Perspective on the Business Case for Corporate Sustainability. In: *Bus. Strat. Env.* 24 (2), S. 102–122.

Hockerts, Kai; Wüstenhagen, Rolf (2010): Greening Goliaths versus emerging Davids — Theorizing about the role of incumbents and new entrants in sustainable entrepreneurship. In: *Journal of Business Venturing* 25 (5), S. 481–492.

Høgevold, Nils M.; Svensson, Göran (2012): A business sustainability model. A European case study. In: *Jnl of Bus & Indus Marketing* 27 (2), S. 142–151.

Homann, Karl; Lütge, Christoph (2005): Einführung in die Wirtschaftsethik. 2., korrigierte Aufl. Münster: LIT (Einführungen Philosophie, 3).

Hürter, Tobias; Triebel, Claas (2013): Die Kunst des kooperativen Handelns. Eine Agenda für die Welt von morgen. Zürich: Orell Füssli Verlag. Online verfügbar unter http://gbv.eblib.com/patron/FullRecord.aspx?p=1755172, zuletzt geprüft am 24..5.2017.

Idowu, Samuel O.; Capaldi, Nicholas; Zu, Liangrong; Gupta, Ananda Das (Hg.) (2013): Encyclopedia of Corporate Social Responsibility. Berlin, Heidelberg: Springer Berlin Heidelberg.

Illich, Ivan (1998): Selbstbegrenzung. Eine politische Kritik der Technik. 1. Aufl. (dieser Ausg.). München: Beck (Beck'sche Reihe, 1167).

Klemisch, Herbert; Boddenberg, Moritz: Zur Lage der Genossenschaften – tatsächliche Renaissance oder Wunschdenken. In: Klemisch (Hg.): WSI Mitteilungen, Bd. 2012, S. 570–580.

Kohr, Leopold; Hiebl, Ewald (Hg.) (2002): Das Ende der Großen – Zurück zum menschlichen Maß. 2. Aufl. Salzburg: Müller (Werkausgabe, / Leopold Kohr. Hrsg. vom Wissenschaftlichen Beirat der Leopold-Kohr-Akademie (Salzburg – Neuenkirchen) Reinhold Wagnleitner (Leitung)).

Kraas, Frauke; Leggewie, Claus; Lemke, Peter; Matthies, Ellen; Messner, Dirk; Nakićenović, Nebojsa et al. (2016): Entwicklung und Gerechtigkeit durch Transformation: die vier großen I. Sondergutachten. Berlin: Wissenschaftlicher Beirat der Bundesregierung Globale Umweltveränderungen.

Leschke, Martin (2015): Alternativen zur Marktwirtschaft: Ein kritischer Blick auf die Ansätze von Niko Paech und Christian Felber aus Sicht der konstitutionellen Ökonomik. Beiträge zur Jahrestagung des Ausschusses für Wirtschaftssysteme und Institutionenökonomik im Verein für Socialpolitik: "Marktwirtschaft im Lichte möglicher Alternativen". Bayreuth. Online verfügbar unter http://hdl.handle.net/10419/140887, zuletzt geprüft am 10.5.2017.

Lüdeke-Freund, Florian (2009): Business Model Concepts in Corporate Sustainability Contexts. From Rhetoric to a Generic Template for “Business Models for Sustainability”. Lehrstuhl für Nachhaltigkeitsmanagement. Lüneburg. Online verfügbar unter https://papers.ssrn.com/sol3/papers.cfm?abstract_id=1544847, zuletzt geprüft am 24.07.2017.

Lüdeke-Freund, Florian; Massa, Lorenzo; Bocken, Nancy; Brent, Alan (2016): Business Models vor Shared Value. Main Report. Network for Business Society. Kapstadt, South Africa. Online verfügbar unter http://www.nbs.net., zuletzt geprüft am 07.07.2017.

Marcus, Joel; Kurucz, Elizabeth C.; Colbert, Barry A. (2010): Conceptions of the Business-Society-Nature Interface. Implications for Management Scholarship. In: *Business & Society* 49 (3), S. 402–438.

Matrix-Entwicklungsteam (2017): Arbeitsbuch zur Gemeinwohlbilanz 5.0. Vollbilanz. Online verfügbar unter https://www.ecogood.org/media/filer_public/73/da/73dab961-6125-4f69-bf7a-3c8613a90739/gwoe_arbeitsbuch_5_0_vollbilanz.pdf, zuletzt geprüft am 10.02.2018.

Mauerlechner, Josef (Hg.) (2010): Geld. Macht. Glücklich. Verteilungskämpfe, Verwirklichungschancen und Lebensqualität in Zeiten der Krise ; Dokumentation [der] 8. Armutskonferenz 23. + 24. Februar 2010. Armutskonferenz; Österreichische Armutskonferenz. Wien: Die Armutskonferenz. Online verfügbar unter http://www.armutskonferenz.at/publikationen/dokumentationen-der-armutskonferenzen/dokumentation-8-armutskonferenz-2010-geld-macht-gluecklich.html, zuletzt geprüft am 08.02.2018.

Meyer, Christian; Meier zu Verl, Christian (2014): Ergebnispräsentation in der qualitativen Forschung. In: Nina Baur und Jörg Blasius (Hg.): Handbuch Methoden der empirischen Sozialforschung. Wiesbaden: Springer VS, S. 259–264.

Müller, Horst (2011): Gemeinwohlökonomie – eine tragfähige Systemalternative? Eine aktuelle Untersuchung und Kritik von Christian Felbers Ideen zu einer Gemeinwohlökonomie aus der Sicht der „Sozialwirtschaft als Systemalternative". Online verfügbar unter http://www.praxisphilosophie.de/mueller_felberkritik.pdf, zuletzt geprüft am 27.6.2017.

Münkler, Herfried; Bluhm, Harald (Hg.) (2001): Gemeinwohl und Gemeinsinn. Rhetoriken und Perspektiven sozial- moralischer Orientierung. Berlin.

Münkler, Herfried; Fischer, Karsten (2001): Rhetoriken des Gemeinwohls und Probleme des Gemeinsinns. In: Herfried Münkler und Harald Bluhm (Hg.): Gemeinwohl und Gemeinsinn. Rhetoriken und Perspektiven sozial- moralischer Orientierung. Berlin, S. 9–17.

Offe, Claus (2001): Wessen Wohl ist das Gemeinwohl? In: Herfried Münkler und Harald Bluhm (Hg.): Gemeinwohl und Gemeinsinn. Rhetoriken und Perspektiven sozial- moralischer Orientierung. Berlin, 55-76.

Opaschowski, Horst W. (2008): Welche Werte wirklich wichtig sind. Heute und in Zukunft. In: Erich H. Witte (Hg.): Sozialpsychologie und Werte. 1. Auflage. Lengerich: Pabst Science Publishers, S. 131–148.

Paech, Niko; Felber, Christian (2011): Felber, Christian. Die Gemeinwohl-Ökonomie, das Wirtschaftsmodell der Zukunft: Wien, Deuticke, 2010 / [rezensiert von:] Niko Paech. In: *Zeitschrift für Sozialökonomie : ZfSÖ* 48 (168/169), S. 72–73.

Pech, Justinus C. (2008): Bedeutung der Wirtschaftsethik für die marktorientierte Unternehmensführung. Zugl.: Leipzig, Handelshochsch, Wiesbaden. Online verfügbar unter http://ebooks.ciando.com/book/index.cfm/bok_id/15869, zuletzt geprüft am 27.9.2017.

Petersen, Holger (2006): Ecopreneurship and Competitive Strategies. In: Stefan Schaltegger und Marcus Wagner (Hg.): Managing the Business Case for Sustainability. Sheffield: Greenleaf Publishing, S. 398–411.

Polanyi, Karl; Stiglitz, Joseph E.; Block, Fred (2010): The great transformation. The political and economic origins of our time. 2. Beacon paperback ed., [reprinted]. Boston, Mass.: Beacon Press.

Porter, Michael E.; Kramer, Mark R. (2011): CREATING SHARED VALUE. In: *Harvard Business Review* 89 (1/2), S. 62–77.

Porter, Michael E.; Kramer, Mark R. (2012): Shared Value: Die Brücke von Corporate Social Responsibility zu Corporate Strategy. In: Andreas Schneider und René Schmidpeter (Hg.): Corporate Social Responsibility. Berlin, Heidelberg: Springer Berlin Heidelberg, S. 137–153. Online verfügbar unter https://link.springer.com/chapter/10.1007%2F978-3-642-25399-7_9, zuletzt geprüft am 5.6.2017.

Posse, Dirk (2015): Zukunftsfähige Unternehmen in einer Postwachstumsgesellschaft. Eine theoretische und empirische Untersuchung. Zugl.: Oldenburg, Univ., Masterarbeit, 2013. Heidelberg: Vereinigung für Ökologische Ökonomie (Schriften der Vereinigung für Ökologische Ökonomie). Online verfügbar unter http://hdl.handle.net/10419/110257, zuletzt geprüft am 7.6.2017.

Przyborski, Aglaja; Wohlrab-Sahr, Monika (2014): Forschungsdesigns für die qualitative Sozialforschung. In: Nina Baur und Jörg Blasius (Hg.): Handbuch Methoden der empirischen Sozialforschung. Wiesbaden: Springer VS, S. 117–134.

Riedl, Rupert (1996): Die Ursachen des Wachstums. Unsere Chancen zur Umkehr. Wien: Kremayr & Scheriau.

Rockström, J.; W. L. Steffen, Kevin Noone, Ã–sa Persson, F. Stuart Chapin III, Eric Lambin, Timothy M. Lenton, Marten Scheffer, Carl Folke, Hans Joachim Schellnhuber, BjÃrn Nykvist, Cynthia A. de Wit, Terry Hughes, Sander van der Leeuw, Henning Rodhe (2009): Planetary Boundaries: Exploring the Safe Operating Space for Humanity. In: *Ecology and Society* 14 (2). Online verfügbar unter http://pdxscholar.library.pdx.edu/iss_pub, zuletzt geprüft am 3.8.2017.

Rogall, Holger (Hg.) (2013): … Im Brennpunkt: Wachstum. 2., korrigierte Aufl. Marburg: Metropolis-Verl. (Jahrbuch Nachhaltige Ökonomie, 1.2011/2012).

Rogall, Holger (2013): Wirtschaftliche Entwicklung in den Grenzen der natürlichen Tragfähigkeit. In: Holger Rogall (Hg.): … Im Brennpunkt: Wachstum. 2., korrigierte Aufl. Marburg: Metropolis-Verl. (Jahrbuch Nachhaltige Ökonomie, 1.2011/2012), S. 97–107.

Rogall, Holger; Binswanger, Hans-Christoph; Ekardt, Felix; Grothe, Anja; Hasenclever, Wolf-Dieter; Hauchler, Ingomar et al. (Hg.) (2016): Im Brennpunkt: Ressourcenwende – Transformation zu einer ressourcenleichten Gesellschaft. Metropolis-Verlag für Ökonomie Gesellschaft und Politik GmbH. [1. Auflage]. Marburg: Metropolis Verlag (Jahrbuch Nachhaltige Ökonomie, 5.2016/2017).

Sachs, Wolfgang (2015): Suffizienz. Umrisse einer Ökonomie des Genug. In: *uwf* 23 (1-2), S. 3–9.

Sachverständigenrat für Umweltfragen, SRU (2013): Verantwortung in einer begrenzten Welt. Umweltgutachten 2012. Juni 2012. Berlin: E. Schmidt.

Schaffartzik, Anke; Mayer, Andreas; Gingrich, Simone; Eisenmenger, Nina; Loy, Christian; Krausmann, Fridolin (2014): The global metabolic transition. Regional patterns and trends of global material flows, 1950-2010. In: *Global environmental change : human and policy dimensions* 26, S. 87–97.

Schaltegger, Stefan; Burritt, Roger (2005/2006): Corporate Sustainability. In: H. Folmer und T. Tietenberg (Hg.): The international yearbook of environmental and resource economics: a survey of current issues. Cheltenham, UK, S. 185–222.

Schaltegger, Stefan; Freund, Florian Lüdeke; Hansen, Erik G. (2012): Business cases for sustainability. The role of business model innovation for corporate sustainability. In: *IJISD* 6 (2), S. 95.

Schaltegger, Stefan; Hansen, Erik G.; Lüdeke-Freund, Florian (2015): Business Models for Sustainability. In: *Organization & Environment* 29 (1), S. 3–10.

Schaltegger, Stefan; Hasenmüller, Philipp (2005): Nachhaltiges Wirtschaften aus Sicht des "Business Case for Sustainability". Ergebnispapier zum Fachdialog des Bundesumweltministeriums (BMU) am 17. November 2005. Centre for Sustainability Management. Lüneburg. Online verfügbar unter https://www.leuphana.de/fileadmin/user_upload/Forschungseinrichtungen/csm/files/Arbeitsberichte_etc/54-2downloadversion.pdf, zuletzt geprüft am 04.07.2017.

Schaltegger, Stefan; Lüdeke-Freund, Florian (2013): Business Case for Sustainability. In: Samuel O. Idowu, Nicholas Capaldi, Liangrong Zu und Ananda Das Gupta (Hg.): Encyclopedia of Corporate Social Responsibility. Berlin, Heidelberg: Springer Berlin Heidelberg, S. 245–252.

Schaltegger, Stefan; Wagner, Marcus (Hg.) (2006): Managing the Business Case for Sustainability. Sheffield: Greenleaf Publishing.

Schaltegger, Stefan; Wagner, Marcus (2011): Sustainable entrepreneurship and sustainability innovation. Categories and interactions. In: *Bus. Strat. Env.* 20 (4), S. 222–237.

Schellnhuber, Hans Joachim (2015): Selbstverbrennung. Die fatale Dreiecksbeziehung zwischen Klima, Mensch und Kohlenstoff. 2. Auflage. München: C. Bertelsmann.

Schmidpeter, Rene (2012): Gemeinwohlökonomie a la Felber – eine kritische Betrachtung. Online verfügbar unter https://www.ecogood.org/media/filer_public/cb/8f/cb8ff905-149d-49d0-8420-1c7a5e8ca145/begutachtung_schmidpeter_2013_18_seiten.pdf, zuletzt geprüft am 13.02.2018.

Schneider, Andreas; Schmidpeter, René (Hg.) (2012): Corporate Social Responsibility. Berlin, Heidelberg: Springer Berlin Heidelberg.

Schneidewindt et al., Uwe (2016): Transformative Wirtschaftswissenschaft im Kontext nachhaltiger Entwicklung. In: *ÖW* 31 (2), S. 30.

Schulmeister, Stephan (2018): Der Weg zur Prosperität. 1. Auflage. Salzburg, München: Ecowin.

Schulz von Thun, Friedrich (2015): Von wem stammt das Werte- und Entwicklungsquadrat? In: *Systemischer- Zeitschrift für systemische Strukturaufstellungen* (07), S. 88–98.

Schweitzer, Albert (1996): Kultur und Ethik. 82. Tsd. des 1. bzw. 72. Tsd. des 2. Teils der Gesamtaufl., Nachdr. der Sonderausg. München, Beck, 1990. München: Beck (Beck'sche Reihe, 1150).

Sedlacek, Tomas (2012): Die Ökonomie von Gut und Böse. 1. Aufl. München: Hanser.

Sedláček, Tomáš; Graeber, David; Chlupatý, Roman (2015): Revolution oder Evolution. Das Ende des Kapitalismus?; Gespräch mit Roman Chlupatý. München: Hanser.

Singer, Tania; Ricard, Matthieu (2015): Mitgefühl in der Wirtschaft. Ein bahnbrechender Forschungsbericht. Unter Mitarbeit von Michael Wallossek. 1. Auflage. München: Knaus.

Smith, Adam (2013): Wohlstand der Nationen. Unter Mitarbeit von Heinrich Schmidt. Köln: Anaconda.

Sommer, Bernd; Kny, Josefa; Stumpf, Klara; Wiefek, Jasmin (2016): Gemeinwohl-Ökonomie: Beitrag zu einer ressourcenleichteren Gesellschaft? In: Holger Rogall, Hans-Christoph Binswanger, Felix Ekardt, Anja Grothe, Wolf-Dieter Hasenclever, Ingomar Hauchler et al. (Hg.): Im Brennpunkt: Ressourcenwende – Transformation zu einer ressourcenleichten Gesellschaft. [1. Auflage]. Marburg: Metropolis Verlag (Jahrbuch Nachhaltige Ökonomie, 5.2016/2017), S. 237–253.

Stiftung Weltethos (2009): Globales Wirtschaftsethos. Konsequenzen für die Weltwirtschaft. Online verfügbar unter www.weltethos.org/1-pdf/00-aktuell/deu/we-manifest-GER.pdf, zuletzt geprüft am 10.02.2018.

van Treeck, Till; Urban, Janina (2017): Wirtschaft neu denken. Blinde Flecken in der Lehrbuchökonomie. Berlin: iRights Media. Online verfügbar unter https://ebookcentral.proquest.com/lib/gbv/detail.action?docID=5229517, zuletzt geprüft am 2.6.208.

Verein für Gemeinwohlökonomie (2015): Handbuch zur Gemeinwohlbilanz – Version 4.1. Version 4.1. Online verfügbar unter http://balance.ecogood.org/matrix-4-1-de/veroeffentlicht-aka-finale-dateien/Handbuch_v. 4.1_cc_release.pdf/view, zuletzt geprüft am 10.02.2018.

Verein für Gemeinwohlökonomie (2017 (a)): Gemeinwohlunternehmen. Online verfügbar unter https://www.ecogood.org/de/community/pionier-unternehmen/, zuletzt geprüft am 25.06.2017.

Verein für Gemeinwohlökonomie (2017 (b)): Darum Gemeinwohl. Universaler Leitwert. Online verfügbar unter https://www.ecogood.org/de/vision/darum-gemeinwohl/, zuletzt geprüft am 15.10.2017.

Verein für Gemeinwohlökonomie (2017 (c)): Gemeinwohlbilanz. Online verfügbar unter https://www.ecogood.org/de/gemeinwohl-bilanz/, zuletzt geprüft am 21.10.2017.

Verein für Gemeinwohlökonomie (2018): Gemeinwohlökonomie – Vision. Online verfügbar unter https://www.ecogood.org/de/vision/, zuletzt geprüft am 10.02.2018.

Vester, Frederic (1991): Unsere Welt. Ein vernetztes System. 7. Aufl. München: Dt. Taschenbuch Verl. (Dtv dtv Sachbuch, 10118).

Vietta, Silvio (2016): Die Weltgesellschaft. Wie die abendländische Rationalität die Welt erobert und verändert hat. 1. Auflage. Baden-Baden: Nomos.

Wang, Taiyuan; Bansal, Pratima (2012): Social responsibility in new ventures. Profiting from a long-term orientation. In: *Strat. Mgmt. J.* 33 (10), S. 1135–1153.

Watzlawick, Paul (2013): Anleitung zum Unglücklichsein. Taschenbuchsonderausg., 16. Aufl. München: Piper (Serie Piper, 4441).

Weber, Andreas (2013): Enlivenment. Towards a fundamental shift in the concepts of nature, culture and politics. Berlin: Heinrich-Böll-Stiftung (Publication series on ecology, 31).

Weber, Andreas (2018): Indigenialität. Tugenden für das 21. Jahrhundert, Nicolai Publishing & Intelligence GmbH, Berlin.

Welzer, Harald (2013): Selbst denken. Eine Anleitung zum Widerstand. 5. Aufl. Frankfurt am Main: Fischer.

Wiemer, Svenja Katharina (2015): Bilanzierung in der Gemeinwohl-Ökonomie. Praktikabilität auf dem Prüfstand. Wien, FHWien der WKW, FH-StG Unternehmensführung, Masterarbeit, 2015. Wien. Online verfügbar unter http://media.obvsg.at/AC12371200-2001, zuletzt geprüft am 29.04.2017.

Wilkinson, Richard (2010 (a)): Die Mittelklasse irrt. Die Zeit (13). Online verfügbar unter https://www.zeit.de/2010/13/Wohlstand-Interview-Richard-Wilkinson/komplettansicht, zuletzt geprüft am 17.06.2018.

Wilkinson, Richard (2010 (b)): Gleichheit ist Glück: Warum gerechte Gesellschaften für alle besser sind. In: Josef Mauerlechner (Hg.): Geld. Macht. Glücklich. Verteilungskämpfe, Verwirklichungschancen und Lebensqualität in Zeiten der Krise ; Dokumentation [der] 8. Armutskonferenz 23. + 24. Februar 2010. Wien: Die Armutskonferenz, S. 14–19.

Willemsen, Roger (2016): Wer wir waren. Zukunftsrede. Frankfurt am Main: S. Fischer.

Wissenschaftlicher Beirat Globale Umweltveränderungen (2011): Welt im Wandel. Gesellschaftsvertrag für eine Große Transformation ; [Hauptgutachten]. 2., veränd. Aufl. Berlin: Wiss. Beirat der Bundesregierung Globale Umweltveränderungen (WBGU). Online verfügbar unter http://www.wbgu.de/hauptgutachten/hg-2011-transformation/, zuletzt geprüft am 5.7.2017.

Wissenschaftlicher Beirat Globale Umweltveränderungen (2014): Klimaschutz als Weltbürgerbewegung. Sondergutachten. Berlin: Wissenschaftlicher Beirat der Bundesregierung Globale Umweltveränderungen. Online verfügbar unter http://www.wbgu.de/sondergutachten/sg-2014-klimaschutz/, zuletzt geprüft am 5.7.2017.

Witte, Erich H. (Hg.) (2008): Sozialpsychologie und Werte. 1. Auflage. Lengerich: Pabst Science Publishers.

Yunus, Muhammad; Moingeon, Bertrand; Lehmann-Ortega, Laurence (2010): Building Social Business Models. Lessons from the Grameen Experience. In: *Long Range Planning* 43 (2-3), S. 308–325.

8 Anhang

GEMEINWOHL-MATRIX 4.1

Diese Version gilt für alle Bilanzen, die ab dem 15. März 2013 für das zurückliegende Bilanzjahr eingereicht werden.

GEMEINWOHL ÖKONOMIE Ein Wirtschaftsmodell mit Zukunft

WERT / BERÜHRUNGSGRUPPE	Menschenwürde	Solidarität	Ökologische Nachhaltigkeit	Soziale Gerechtigkeit	Demokratische Mitbestimmung & Transparenz
A) LieferantInnen	**A1: Ethisches Beschaffungsmanagement** Aktive Auseinandersetzung mit den Risiken zugekaufter Produkte / Dienstleistungen, Berücksichtigung sozialer und ökologischer Aspekte bei der Auswahl von LieferantInnen und DienstleistungsnehmerInnen 90				
B) GeldgeberInnen	**B1: Ethisches Finanzmanagement** Berücksichtigung sozialer und ökologischer Aspekte bei der Auswahl der Finanzdienstleistungen; gemeinwohlorienterte Veranlagung und Finanzierung 30				
C) MitarbeiterInnen inklusive EigentümerInnen	**C1: Arbeitsplatzqualität und Gleichstellung** mitarbeiterorientierte Organisationskultur und –strukturen, Faire Beschäftigungs- und Entgeltpolitik, Arbeitsschutz und Gesundheitsförderung einschließlich Work-Life-Balance/ flexible Arbeitszeiten, Gleichstellung und Diversität 90	**C2: Gerechte Verteilung der Erwerbsarbeit** Abbau von Überstunden, Verzicht auf All-inclusive-Verträge, Reduktion der Regelarbeitszeit, Beitrag zur Reduktion der Arbeitslosigkeit 50	**C3: Förderung ökologischen Verhaltens der MitarbeiterInnen** Aktive Förderung eines nachhaltigen Lebensstils der MitarbeiterInnen (Mobilität, Ernährung), Weiterbildung und Bewusstsein schaffende Maßnahmen, nachhaltige Organisationskultur 30	**C4: Gerechte Verteilung des Einkommens** Geringe innerbetriebliche Einkommensspreizung (netto), Einhaltung von Mindesteinkommen und Höchsteinkommen 60	**C5: Innerbetriebliche Demokratie und Transparenz** Umfassende innerbetriebliche Transparenz, Wahl der Führungskräfte durch die Mitarbeiter, konsensuale Mitbestimmung bei Grundsatz- und Rahmenentscheidungen, Übergabe Eigentum an MitarbeiterInnen. Z.B. Soziokratie 90
D) KundInnen / Produkte / Dienstleistungen / Mitunternehmen	**D1: Ethische Kundenbeziehung** Ethischer Umgang mit KundInnen, KundInnenorientierung/ - mitbestimmung, gemeinsame Produktentwicklung, hohe Servicequalität, hohe Produkttransparenz 50	**D2: Solidarität mit Mitunternehmen** Weitergabe von Information, Know-how, Arbeitskräften, Aufträgen, zinsfreien Krediten; Beteiligung an kooperativem Marketing und kooperativer Krisenbewältigung 70	**D3: Ökologische Gestaltung der Produkte und Dienstleistungen** Angebot ökologisch höherwertiger Produkte/Dienstleistungen; Bewusstsein schaffende Maßnahmen; Berücksichtigung ökologischer Aspekte bei der KundInnenwahl 90	**D4: Soziale Gestaltung der Produkte und Dienstleistungen** Informationen/Produkten/Dienstleistungen für benachteiligte KundInnen-Gruppen. Unterstützung förderungswürdiger Marktstrukturen. 30	**D5: Erhöhung der sozialen und ökologischen Branchenstandards** Vorbildwirkung, Entwicklung von höheren Standards mit MitbewerberInnen, Lobbying 30
E) Gesellschaftliches Umfeld: Region, Souverän, zukünftige Generationen, Zivilgesellschaft, Mitmenschen und Natur	**E1: Sinn und gesellschaftliche Wirkung der Produkte/Dienstleistungen** P/DL decken den Grundbedarf oder dienen der Entwicklung der Menschen /der Gemeinschaft/der Erde und generieren positiven Nutzen. 90	**E2: Beitrag zum Gemeinwesen** Gegenseitige Unterstützung und Kooperation durch Finanzmittel, Dienstleistungen, Produkte, Logistik, Zeit, Know-How, Wissen, Kontakte, Einfluss 40	**E3: Reduktion ökologischer Auswirkungen** Reduktion der Umweltauswirkungen auf ein zukunftsfähiges Niveau: Ressourcen, Energie & Klima, Emissionen, Abfälle etc. 70	**E4: Gemeinwohlorientierte Gewinnverteilung** Sinkende/ keine Gewinnausschüttung an Externe, Ausschüttung an Mitarbeiter, Stärkung des Eigenkapitals, sozial-ökologische Investitionen 60	**E5: Gesellschaftliche Transparenz und Mitbestimmung** Gemeinwohl- oder Nachhaltigkeitsbericht, Mitbestimmung von regionalen und zivilgesellschaftlichen Berührungsgruppen 30
Negativ-Kriterien	Verletzung der ILO-Arbeitsnormen/ Menschenrechte -200 Menschenunwürdige Produkte, z.B. Tretminen, Atomstrom, GMO -200 Beschaffung bei / Kooperation mit Unternehmen, welche die Menschenwürde verletzen -150	Feindliche Übernahme -200 Sperrpatente -100 Dumpingpreise -200	Illegitime Umweltbelastungen -200 Verstöße gegen Umweltauflagen -200 Geplante Obsoleszenz (kurze Lebensdauer der Produkte) -100	Arbeitsrechtliches Fehlverhalten seitens des Unternehmens -200 Arbeitsplatzabbau oder Standortverlagerung bei Gewinn -150 Umgehung der Steuerpflicht -200 Unangemessene Verzinsung für nicht mitarbeitenden Gesellschafter -200	Nichtoffenlegung aller Beteiligungen und Töchter -100 Verhinderung eines Betriebsrats -150 Nichtoffenlegung aller Finanzflüsse an Lobbies / Eintragung in das EU-Lobbyregister -200 Exzessive Einkommensspreizung -100

Detaillierte Beschreibung zu den Indikatoren finden sich im Handbuch zur Gemeinwohlbilanz auf www.gemeinwohl-oekonomie.org und im Redaktionswiki unter https://wiki.gwoe.net/display/Redaktion/Home. Rückmeldungen an die jeweiligen Redakteure sind sehr erwünscht.

Zeitfracht Medien GmbH
Ferdinand-Jühlke-Straße 7
99095 Erfurt, Deutschland
produktsicherheit@kolibri360.de